孙禄堂武学大全

孙玉奎　著
马凤山　等　配图

人民体育出版社

图书在版编目（CIP）数据

孙禄堂武学大全 / 孙玉奎著. --北京：人民体育出版社，2021

ISBN 978-7-5009-5952-6

Ⅰ. ①孙…　Ⅱ. ①孙…　Ⅲ. ①武术-研究-中国　Ⅳ. ①G852

中国版本图书馆 CIP 数据核字（2021）第002861号

*

人民体育出版社出版发行
北京新华印刷有限公司印刷
新　华　书　店　经　销

*

710×1000　16开本　20.5 印张　320 千字
2021 年 7 月第 1 版　　2021 年 7 月第 1 次印刷
印数：1—4,000 册

*

ISBN 978-7-5009-5952-6
定价：68.00 元

社址：北京市东城区体育馆路 8 号（天坛公园东门）
电话：67151482（发行部）　　邮编：100061
传真：67151483　　邮购：67118491
网址：www.sportspublish.cn
（购买本社图书，如遇有缺损页可与邮购部联系）

一代宗师孙禄堂先先

孙禄堂“八卦剑”震卦白蛇伏草照

孙禄堂“八卦剑”乾卦天边扫月照

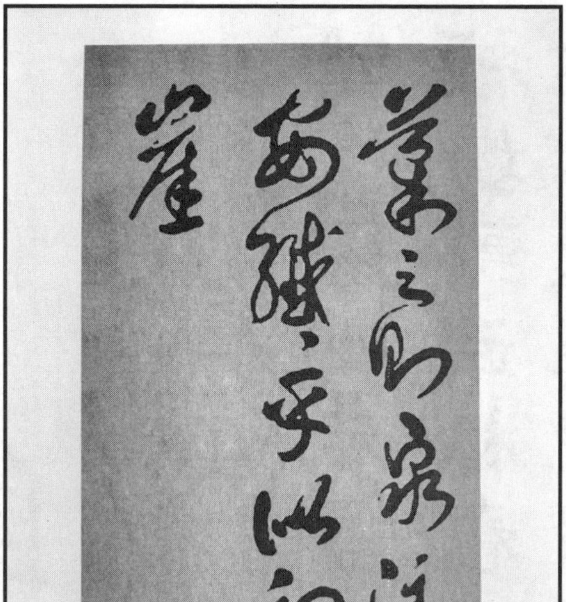

导之则泉注　顿之则山安　纤纤乎似初月之出天崖

孙禄堂先生书法

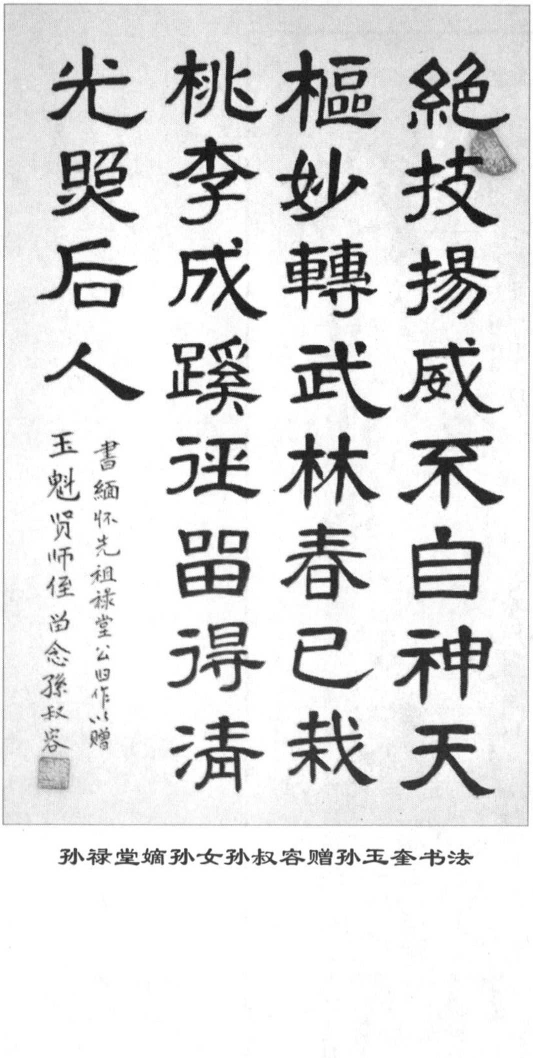

孙禄堂嫡孙女孙叔容赠孙玉奎书法

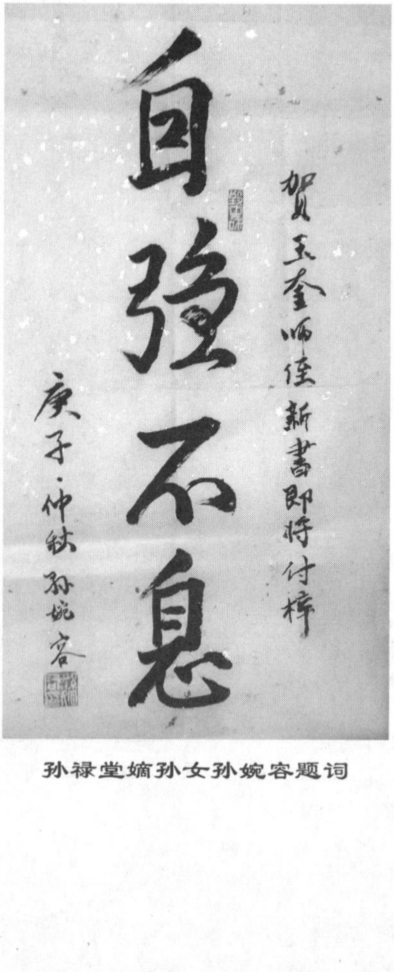

孙禄堂嫡孙女孙婉容题词

得拳者得道法

余功保

中国文化讲究“道法自然”，中国功夫的精义在于对身心自由度的追求与修展，也就是对生命自然属性的回归。孙禄堂先生拳学体系以理法与实践相结合的方式，典范性地彰显了这一中华武学的高妙境界。而孙玉奎先生编撰的《孙禄堂武学大全》一书，则是系统性地展现了孙禄堂武学体系，这对于习武、研武者来说是十分有益的一部读本。

孙禄堂先生以武学家的实修，自然进入了哲学家的思辨层面，以武入道，技进乎道，为后世有志者的武学进阶呈现文武合一拳学大家风范。对于孙禄堂其人、其拳、其功的研究是习武者高效登堂入室的方式。而本书为大家提供了一条便捷之路。

许多习武者往往把精力花在了“对外”的功夫上，而内求不甚了了，过多展现自身的强健，而对于能量的内化之功下的功夫不够。初学武术，可谓之“习拳”，学规矩、悟规矩、守规矩，此阶段重在“内外合一”；习练日久，更进一步，谓之“磨拳”，反复打磨，化技为法，身行之，心得之，此阶段重在“理法合一”；拳术有成，拳人合一，谓之“得拳”，真正实现强壮身体，强大心性，此阶段重在“无法”，因为一举动皆为法，人即是拳，法已成自然，就是无处不有，此阶段妙在“无形无象”，而又“大象无迹”，如此，便是得“道法”，得拳学之道，也就是自然之道。这在生命境界上，便是上了一层。

孙禄堂先生得拳得道，且传拳传心，为武林幸事。孙玉奎先生继承先辈拳学，且有独到感悟，整理弘扬，乃是善拳之举。广大武学爱好者认真研读、细心揣摩这本《孙禄堂武学大全》，相信对自己的功夫技术和境界的提升必然大有帮助。

（余功保，太极文化学者，世界太极拳网总编，世界太极网络学院院长）

序　一

许　宁

孙禄堂先生是清末民初蜚声海内外的著名武学大家、一代宗师，不仅集形意、八卦、太极三派之大成，融会贯通、开宗立派，创立孙氏太极，武功高深莫测、登峰造极，享有“虎头少保、天下第一手”之美誉，而且革故鼎新、著书立说，融合儒释道等中国传统文化，以哲理释拳理，独辟“拳与道合”武学思想，对中国武术发展影响极为深远，至今仍为世人尊崇与敬仰。

孙玉奎先生生于武术世家，其祖父孙振岱为孙禄堂先生入室弟子，其父孙雨人拜孙剑云（孙禄堂先生之女）门下，其幼年随父习拳，并得孙存周（孙禄堂先生之子）、孙剑云指导，为孙氏武学第三代嫡传弟子，深得孙氏武学之精髓，文武俱佳，技艺深厚，是孙氏武学的重要传播者和实践者。

孙玉奎先生新作《孙禄堂武学大全》，是其根据自身毕生研习武学的所悟所得，结合传统文化、现代科学和当代哲学对孙氏武学套路、器械、拳理的诠释、丰富和发展，既有传承又思创新，既传武艺又重武德，既授拳式又明哲理，为研究和学习孙氏武学和中国武术提供了宝贵文献。

（许宁，河北省政协党组成员，原副省长）

序　二

董克清

昨天下午，收到凤山大哥发来的微信：“克清，昨天晚上玉奎表舅说《孙禄堂武学大全》让你写个序。”我一直认为能够为作者出书写“序”的人都应是德高望重，在本行业中贡献突出，有一定影响、造诣、建树之人。作为晚辈后生，自认为拳艺平平，不能“堪此大任”，所以回复：“我没有资格，以后有机会写读后感吧。”“弟子都可以写，你怎么没有资格？你当然有资格！”凤山大哥回复道。

沉下心来仔细一想，玉奎叔叔耄耋之年，为了发扬光大孙氏武学，一直不遗余力、辛勤耕耘、笔耕不辍，实为我等孙氏武学弟子的楷模。作为一个孙氏武学亲身实践者和孙、董几代世交的后人，对于玉奎叔叔大作即将出版，总该有个态度，表达些什么。为此，不禁提笔在手，有了写点什么的冲动和欲望。

万事讲因缘，拳有拳缘，道有道缘，人有人缘。

首先，讲讲我们董家跟孙家的人缘。

小时候常听我父亲讲，我们董家和孙家是几辈人的因缘，可谓“世交”。我爷爷那一代就和孙家交往甚密。对我的孙氏拳启蒙恩师、引路人孙雨人先师我一直叫“爷爷”，在先师（现在这么称呼）膝下学拳五载，没有叩过头。当然，在那个年代因为思想不像现在这样开放，还不允许叩头拜师这种形式和礼数存在。直到先师去世，我从未叫过一声“老师”或“师傅”！虽然先师确实引我进入中华传统武术殿堂，教我明白什么是孙氏武学。同样，称孙雨人先师的老伴为“奶奶”，现在应该称“师母”。

孙雨人老师有两个儿子，大儿子孙玉豪与家父是同学，关系甚好。二儿子就是玉奎叔叔，同在河北省定兴县直单位上班，家父在定兴县粮食局任职，玉奎叔叔就职于定兴县交通局养路工区，也是低头不见抬头见。

时代变迁，世事沧桑。弹指间我本人也已年过半百，跨越天命之年。儿时的记忆已化作云烟，但有一件事却在我的脑海中如石头刻字，烙下了永恒的记忆。20世纪70年代我十几岁时，家父在县医院被误诊为“肺癌”不予治疗，是玉奎叔叔给当时北京一位姓栾的师兄弟写了封信，这位姓栾的师兄弟恰恰是北京一所医院的大夫，就凭着这封信我们家到北京这所医院治好了家父的病，挽救了家父一条命，也给我们家带来了以后几十年的幸福生活。

说了人缘，再说拳缘。

因我儿时的机缘巧合，从事了乒乓球运动。1981年12月4日经河北省体育运动学校（河北体育学院前身）文化课考试，以河北省乒乓球锦标赛团体第三名、单打第三名的成绩入选省体校乒乓球队。

一个十几岁的少年远离父母，只身来到省体校进行运动训练，面对“身宽体重、人高马大”的其他项目的运动员，我突然有了“加强自卫、免受人欺”的闪念。同年寒假回家，因为我早就知道定兴的孙雨人如何如何厉害、如何如何有功夫，就跟我父亲说：“爸爸，我想学一门武术。”我父亲听完就说：“走，我带你找你爷爷去。”随后父亲就带我到了孙雨人先师家。一进门父亲就说：“大伯，老儿子想和你学功夫。”因我在家排行最小，所以父亲称我为“老儿子”。先师道：“想学功夫，好啊，明天就来吧。”

就这样，一个涉世未深，当时根本不知道什么是孙氏武学、什么是武术的懵懂少年，就因为“不受人欺负”的这样一个简单而又纯粹的想法，一头撞进了“爷爷”的家门，从此也一头扎进了孙氏武学这片浩瀚的海洋，再也没有回头。

寒假十天，“爷爷”教会了我如何站三体式、一趟形意劈拳和一套传统的98式孙氏太极拳，我就回了河北省体校。

寒来暑往，在校期间，除了文化课、专业乒乓球训练，我挤占了一切业余时间开始用心习练孙氏拳。放假回家，绝大部分时间在“爷爷”家整理和纠正以往学过的拳，回石家庄时再学一些新的动作和套路。越学，自己兴趣越浓；越练，越觉得自己没有功夫上身，需要再下功夫。

光阴似箭，日月如梭，五年的寒暑，一个乒乓球运动员毕业留校参加工作，成为职业体育工作者。1986年暑假，“爷爷”永远地闭上了双眼，离我而去，成为“先师”！还记得，在“爷爷”的坟前，我们几个年龄相仿的师兄弟打了一趟五行连环。

时至今日，我的工作也几番变化，单位也几番更替，但一直没有脱离河北省体育系统。因自己从小尊崇“能文能武、文武双全”的英雄，靠着这种朴素的英雄梦，孙氏拳陪伴我至今。虽然我对孙氏武学有了一些粗浅的认识和看法，但深知面对博大精深的孙氏武学自己还是那样浅薄和渺小。作为孙氏武学弟子，自己有义务更有责任在继承的前提下，为发扬光大孙氏武学，在惠及后人、利国利民方面做一些力所能及的事情。所以，对于真正喜欢孙氏拳、和孙氏拳有缘之人也尽教授和指导的义务，作为一名体育工作者，权当为全民健身做一名社会体育指导员！

孙氏武学博大精深，适合男、女、老、幼各种人群习练，且健身效果明显，已经实践检验和大众的认同。

孙玉奎，出身于中华传统武术世家，精通中华传统文化，尤其在周易、八卦、运动生理学等传统和现代文化方面造诣颇深；对孙氏武学套路、器械、拳理等方面更是有独到见解，胜人一筹；在中国武术杂志、刊物上发表论文多篇，被誉为孙氏武学方面的理论家。他的《孙禄堂武学论语》和《孙禄堂武学思想》两本专著普遍受到海内外武术爱好者的好评和欢迎，已再版印刷八次，供不应求，足以证明：一代宗师，堪称当代中国“武圣人”的孙禄堂先生，当初创立孙氏武学的高瞻远瞩和宽广心胸，以及后世子孙的仰慕和需求。

全民健身，利国利民；健康中国，国家战略。

我们有理由坚信，孙氏武学一定会成为亿万华夏儿女的健身之宝！孙氏武学也一定会伴随中华民族实现伟大复兴的中国梦而贡献自己的力量。

书不尽言，发自肺腑！

一是对玉奎叔叔大作付梓祝贺！

二是对先师雨人的思念！

顺赋诗一首：

孙氏武学宗师创，
强身健体天下传；
形意八卦太极拳，
武学大全开新篇！

（董克清，河北省乒羽中心主任、羽毛球协会主席）

序 三

马凤山

吾师孙玉奎先生，生于1939年8月15日，乃孙存周、孙剑云弟子孙雨人之子。作为六代武学世家，其乃孙氏武学第四代传承人。先生谙熟《易经》《黄帝内经》等传统文化以及生理、信息等相关著作。先生将孙氏拳技与中国哲学融为一体，深入研究“武与道合”学说，探寻新时代的数码奥秘；善于将理论与实践相联系，体会武学实践真谛；他精于习作，撰写多篇论文，反响强烈。先后出版《孙禄堂武学论语》《孙禄堂武学思想》等武学力作，拳研不停，笔耕不辍！

新作《孙禄堂武学大全》分为上、中、下三卷，上卷为武学观大全，包括孙禄堂武学探真、武学内劲论、武技创奇迹、太极武学论；中卷为拳械学大全，包括98式和38式太极拳、捋挤推手、八卦拳、形意拳及枪、刀、剑器械新篇；下卷为回首品精论，包括辩证看科学练、动静求中和、武学在乎手　万法生乎身、三拳圭臬。

《孙禄堂武学大全》无论是从套路上还是从拳理上说，均是近代以来传播中华传统武术的又一力作！作者以“武学不忘初，辩证看　科学练”的独特武学思量而倾心撰写，融入了孙玉奎先生所得祖辈口传身授和毕生研习武学的感悟，具有深刻的武学真知以及深厚的人生哲理。因此，这部著作定是弘扬中华武学文化、宣传孙禄堂武学思想、挖掘孙禄堂武学技艺理法的一部研究大全。

我有幸协助孙玉奎师父进行文稿的编辑和校核工作，并配合完成书中形意五行拳和太极拳98式、38式的配图，同时也感谢高洪军和王德龙师弟、孙静师妹及孙文韬师侄女等人于百忙中助力文稿完善及配图。正是在参与书稿的编辑及校对过程中，我再一次静心研习了孙禄堂武学原著，更加深刻地领悟了师父饱含深情地撰写《孙禄堂武学大全》的良苦用心，更细心地体会到孙氏武学动作的时位精准，也更增加了我对孙禄堂武学文化的深情挚爱和对师父的深厚崇敬！在此，我真诚祝愿师父的武学新作能够给更多的武学同仁带去春风拂面的惬意与温情，也祝愿各位同仁能够在武学研习的征途上向着新时代的远方踏歌而行！

（马凤山，河北省传统武术联合会秘书长，广州市从化区孙氏太极拳研究会副会长）

前言

宗师孙禄堂，创新其拳法；受益亿万人，致敬难言表！撰写五著作，武学开新河；文言文难读，白话译五言；刀枪剑增补，才成《武大全》；形意十二形，精简成六形；太极拳路多，优选三八（38）式；三是天地人，八是外环境；三八即太极，易记易表演；功夫千万遍，表演无重复；七分演两遍，踢腿二十式；招法没有少，提升运动量；传承亦弘扬，与时代俱进；衷心多敬畏，非议难避免；身正不怕诽，怕诽无《大全》；正心听指教，拜谢不用言。

大师孙存周，定兴育真功；衷心表致敬，身心存真情；家父孙雨人，所学套路全；油印真目录，保存上百年；武当剑未录，不是师祖传；未学六合棍，《大全》留遗憾！

大师孙剑云，定兴广收徒；再传孙家拳，星火遍九州；兄妹可比肩，存异求大同；万物均关联，万事皆发展；江河一气流，再入非原河；后浪推前浪，师祖盼补全！

宗师孙禄堂，备用清知县；1891年，而立年受命；拒马河剿匪，人颂平定兴；坐阵兼传拳，前后十余载；学者百余人，吾家似武馆；城内鹿季子，张祖庄三李；大朱庄三朱，罗列不可数。

吾家六代人，追随孙禄堂；太爷和宗师，互为师兄弟；祖父孙振岱，大爷孙振川，宗师第一传；宗师第二传，家父孙雨人；镇江跟宗师，三年曾同行；吾为第三传，学拳随父兄；孙存周指点，孙剑云说拳；幼年立下志，祛病求强健；儿女有功夫，孙辈能继承；定兴县多人，李秀亭姑爷；姚建章姑父，里村范文明；西章村张德，内章村韩清；东引张玉书，落卜肖瑞英；唐山栾福同，俱是我爷徒；三传孙玉奎，孙玉峰众人；多见前辈练，切磋孙氏拳；幼患胸膜炎，立志学太极；虽残过八十，拳龄七十余；可惜不逢时，一晃四十载；光阴如烟云，功夫常断续；套路渐恢复，再读宗师书；一遍又一遍，收获不只武；人生座右铭，《易经》《道德经》；宗师最爱读，学效宗师路；传统文化钻，学写小文章；刊发武学刊，每年六七篇；2010年，《孙禄堂武学论语》出版；2016年，《孙禄堂武学思想》又面世；《孙禄堂武学大全》，即将再登攀；衷心求引玉，拜求君教正！

武学强国基，振兴是根本；拳道即天道，缘在太极中；天道即人道，内外不可分；形正则气和，形俱有神生；心静养元气，内守养元神；外功是驱动，内功皆智能！

国强民当健，民健青少年；体育强国梦，助力中国梦；习武重武德，诚敬思武魂；志坚天天练，每天一小时；不误您上班，一月能见效；动脑用心练，明心即见性；见性能神明，无意拳道真！

目　录

上卷　武学观大全

中卷　拳械学大全

下卷　回首品精论

上卷　武学观大全

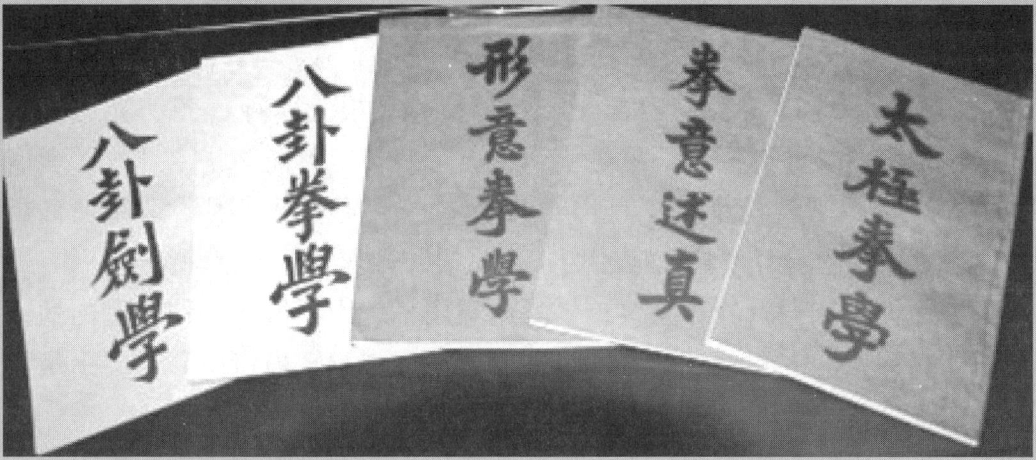

孙禄堂先生的五部著作

第一篇　孙禄堂武学探真

孙禄堂仙逝，八十五年整；宗师五部书，时代里程碑；文武与时进，贡献皆新篇；虚无养元气，内守养元神；易经天行健，坤德养精神；方为易之体，圆为易之用；三爻成八卦，六爻八八变；道德经论“无”，道者反之动；负阴而抱阳，冲气以为和；静为天下正，动为万物性；中为武大本，和为武真道；书法楷行草，同武明暗化；物竞即拼搏，适者合环境。

一、功夫至善　明理至真

宗师孙禄堂，《拳意述真》曰：“精养灵根气养神，养功养道见天真，丹田养就长命宝，万两黄金不予人。”“精”者能之华，“气”者能之本；“神”者气升华，“丹田”能之宅；“灵根源基因”，显现称灵感；“灵根”隐身时，脑细胞独处；“灵根”显现时，细胞轴突连。

虚无神内守，以静养灵根；松紧循环用，单用不做功；伸缩生内劲，先缩才有伸；“中和”生耐力，耐力能持久；“意轻力道中”，“手足”能导引；一气之起落，归根到脚踵。

七十岁以前，先天谓之正；先天即本能，无意是真功；七十岁以后，后天为之正；以心能行气，火候是真功；心即生欲望，火候甚重要；花甲人基寿，进化有延长；功能有命限，意比寿命长；武学知长短，用好先后天！宗师倡中和，中和有时段；先任自生长，中年（20至60）当自强；晚年顺先天，意念助本能；本能延退化，生命必寿增。

“形正气自和，任督有关联”；主动须形正，气和为之从；人体能量源，肌肉细胞生；本能最降耗，身步最灵妙；五指俱张顶，导引督脉通；抓抠大小指，任脉气下降；大道本至简，伏羲留真言：“宇宙在乎手，万化生乎身”；十指连着心，也是经络根；“井穴”在指梢，原穴在内腕；“井穴”通天地，“原穴”通脏腑。

天道常简约，以拳理言之；拳家百多种，天下花无数；结构都大同，象征生命性；武学套路繁，适当应精简；原则力所及，少得多则惑；五行六仿生，徒手拳当先；三拳并三械，可为武大全；对练套路死，搏杀用不上；不如五行拳，练熟能即兴；出拳即本能，功夫需上乘；枪为百兵王，搏杀比棍强；单械双手使，胜似舞双刃；武学“与时进”，“生理、全息”明；辩证科学练，“豁然拳理通”；物理即天理，真知靠格物。

阴阳皆是像，显现不同时；阴阳即一气，一气即环境；动静有影随，阴阳似虚拟；对立阴阳表，本是矛盾论；练武如不辨，终生受蒙蔽。

将相非先天，男儿当自强；运筹在帷幄，决胜在环宇；练不思则罔（wǎng，空），思不练则殆（dài，危）；意念如开关，有须短而轻；力不出前足，体不出后足；明劲冷崩弹，暗劲长缓黏；化劲圆无形，本能都自然；起步即践性，落步即至真；式式都践性，招招见拳经。

动如水无形，贯下而涌上；静如山无意，上下一整体；专求力刚强，身即被力拘；专求气升降，心猿气伤身；专求气沉重，身则被捆坠；拳练外形顺，伸缩自有力；练拳任自然，中和气养身；神气意松沉，身重如泰山；内外合一体，妙用则为神；化为体虚空，自然轻如羽。

武学不忘初，肢体猎打斗；练武养正气，功夫练若击；气血靠呼吸，补充能量耗；呼吸深与浅，频率求自然；缩短伸宜长，反之白费功；缩瘪即挨打，无力打还击；内开外宜紧，内方外如球；增华必减骨，饰外丧其中。

“劳动创世界”，双手成全人；“寿命在乎手，中和享天年”；三指能诊脉，盛衰可心知；武学不讲密，精准形规矩。

“不慌气不喘”，“中和”为之准；武学“不出汗”，运动量不够；出大汗伤血，脑脏必受损；组织必脱水，青春光彩失。

民以食为天，武以食为能；食以味为鲜，释放化学能；食前有饿感，食后静如眠；供需贵平衡，腹勿硬如球。

“拳与生理合，不能有冲突”；宗师寿七三（73），孙存周古稀，当时超常人；多次打“强霸”，超耗元气伤；中年丧子痛，心情受刺激；剑云历三代，寿至九十岁；大孙女叔容，寿高八十八；小孙女婉容，九十登武当。

太极有八法，都是手功夫；“武学在乎手”，才是真拳经；枪刀剑手握，气血自然供；环境造万物，内功不先生；大智有大伪，以假掩真功；宗师弃玄学，手型谓之证；形正气自合，中和内外通。

用拳腕勿软，用掌指勿松；踢腿勿慢起，用足踝勿空；拳经在手足，一气顶钻张；时位求精准，见性自证真；练功不学文，枯燥易烦恼；悟透生命理，受益功夫高；形意弓箭步，上树加虎扑；八卦蛇形步，摆扣踩圆弧；太极猫行步，蹑足意潜踪；单重借地力，顺逆能成功。

天覆地为载，日月循环照；万法一脉成，全球人无异；拳道也无他，顺生逆伤损；圆者迎刚硬，柔者道之用；站立坐卧想，久了必受伤；生命似流水，程序不倒流；行气由基因，自律勿干扰。

内功如高铁，乘坐没知觉；如果有知觉，事故要发生；如果有气感，说明病潜生；不出感十年，离世命归终；起时蹬脚掌，落时脚跟撑。

先天是根本，后天能成全；练拳不忘初，器械早于拳；仙人配宝剑，枪刀兵民用；与身合为一，神而明之存；整合全身劲，力厚灵妙生。

习武强身心，非好勇斗狠；不争而善胜，不战屈人兵；能而示不能，攻而示不攻；拳者诡道也，避倾而击危；势如拉满弓，发力箭出锋；周旋有迂直，后发先人至；动静不露机，夺魂似闪电。

辩证看传统，科学练武功；脏腑和气血，两手是开关；大枪按摩手，功倍武事成；单剑双手使，左右脑唤醒；伏羲阴符经："善之根在武，可济世救民"；形意留真言，无意有真经；条件成反射，内劲是本能；精神太集中，心重危险生；武学力当借，需要真单重；虚脚能抬起，中轴不能动；单重借地力，顺逆借彼力；能量须节省，练功应降耗；半步练崩拳，郭师狱中创；步法切忌大，大了身易倾；动手忘掉脚，脚下更稳定；动脚忘掉手，出手更灵妙。

套路少而精，易练功夫成；套路多而惑，到老一场空；教授或专家，应该都精通；优选留视频，年久可唤醒；排列是学问，数码有灵性；练武当深钻，科技应为先。

功夫高与低，时位决雌雄；成功须精准，无错可功成；一错功全败，心血付白流；精度自优选，心知和神明；再加功夫纯，上乘有门厅；拳合自己性，学道真路径。

武学多重德，尊师敬练功；时间和精力，珍惜每一式；河中一粒沙，可筑万里城；武学无内外，内外一整体；手能导引气，非是外家功；六合与九要，都是从动生；主从勿易位，实践动智慧；一式练千遍，拳理可自见；不争而善胜，诚心练武功。

虚静养元气，内守养元神；脏腑最喜静，常态无感觉；人体本恒温，不能半度高；内如热汤煎，脏腑必受伤；肠胃有规律，改变有祸伏；不知人生死，何知丹道仙；进步蹬脚掌，自然借地力；不蹬拔腿进，武学一大忌。

太极即一气，一气即能量；一气之起落，明快出节奏；呼吸气出入，手足是玄关；形正气自和，形偏气也偏；师祖之手型，证明功在手；万物自然动，证明内为从；非是有创新，本是宗师启；意念不可满，行前有就灵；意念不可重，闪念即成功；肌肉三元理，感传与收缩；随意与自律，智能妙配合；不怒气拙力，不腆胸提腹；不驼背折腰，六合不能散；用胯保护腰，腰无骨架撑；用肩不用头，头颈护司令。

以准胜彼快，以柔胜刚猛；练拳求精准，不准拳无益；效法打炮钎，一锤一呼吸；起落分不清，练武没入门；掌从嘴角出，拳从心前出；枪从腰发力，剑从肘出锋；器械合身体，内守唤神明。

二、辨识“一二三”

“一”是本体，“二”是认识论，“三”是结构论。对武学来说，“一”是“太极一气”，“二”是动静，“三”是“根、中、梢”三节。不提“二”是阴阳，《易经》《黄帝内经》都说“阴阳以象告”，“象和气”有本表的不同，所以把“二”说成“阴阳”，让人“莫衷一是”，容易产生误导。

古今中外，最早提出“一二三”理论的是老子，老子的思维，今人莫及！细推敲起来，老子说：“道生一、一生二、二生三、三生万物”的论述也有商榷之处。老子不知“道”

是什么，强名之曰“道”，相当于宗教的“上帝”“造物主”，有神秘、玄虚的成分。现在天文学的发现和研究证明，太空无边界无始终，有无限大的空间，又有无限小的基本粒子组成，所以真正像老子所说的“道”是不存在的。万物是万有的变化，相比之下，孙禄堂“太极即一气，一气即太极”的论点，还是比较科学的认识。这不是“门户之见”，哪家哪派或多或少都承认或引用过这一观点。

鉴于“一”是本体、“二”是认识论、“三”是结构论的认识，老子连用了四个“生”字，也值得推敲。“一”是原来就有的，本体不是生出来的；“二”是认识论，是客观在人类大脑里的反应，也可以说是如影随形的属性；“三”是结构论，譬如内、中、外；质子、中子、电子，万物莫不如是！

以元素结构说，一是氢元素（1个质子、1个电子），二是2个氢原子聚变生成的氦元素（2个质子、2个电子），三是3个氦原子聚变生成的碳元素（6个质子、6个电子），碳元素是生成万物的基础！

《生理学》告诉我们，凡是动物的动静，皆是相关肌肉智能地协同收缩和舒张的结果，人的意念可以跑跳，但是哪一块肌肉收缩，哪一块肌肉舒张，则完全是千万年进化来的自律程序，不需要任何意念指挥！如果把这些平平常常的知识置若罔闻，大谈不可实现的“纯阴”理论，于武学有益还是有害呢？现在提倡宣传“正能量”，这到底是“正能量”还是“负能量”呢？

人的认识论是随着时代的发展而不断进步的，几千年前老祖宗留下来的文化遗产应该怎样继承和发扬，确实值得研究学问的人认真思考。连历史也要打上时代的烙印，所以说，研究学问始终都不能离开时代，始终都应该“与时俱进”。

再说说“内家拳和诸多内功”之论，武术是肢体文化，如兵家布阵和战役的摆布、设计，如果前敌司令还用在内政和发展经济上，那仗还怎么打？再说人体有“随感而应”的自律本能，跑跳、打斗、拼杀就有内环境及时的自动供应，用不着“以心行气、以气运身”；狮、虎、豹不可能有内功的修炼，但它们的捕猎功能对人类来说是望尘莫及的。综观上古的历史，人类或者猿人徒手擒虎豹的传说不少，虽然没法考证是否属实，但是从猿人骨化石的粗大结构来看，从现在的大猩猩跑的速度和力量来看，以上传说还是可以信赖的。老子说“大智有大伪”，真是说得有预见性，千万年都管用。所以说“内家拳和诸多内功”之论，正如孙禄堂所说：“是认理未明之故。”“辩证看、科学练”才是真途径。

第二篇　孙禄堂武学内劲论

乾坤肇造，元气流行，动静分合，遂生万物。先天元气，赋于后天形质；后天形质，包含先天元气，故人为先后天合一之形体也。

一、拳中内劲　太极一气

人身养命之宝，是气和血。气为先天，血为后天，人以气为主。劲者，即内中神气贯通之气也。丹书云："道自虚无生一气。"虚无一气者，乃天地之根，阴阳之宗，万物之祖，亦即拳中之内劲也。形意地也，八卦天也，太极人也。天地人三才，亦即太极一气之流行也。

人本来之真心，空空洞洞，至虚至无，即太极也。太极之旨，颐养修身。人自赋性含生以后，本藏有养生之元气，所谓中和之气是也。是人之元神、元气相合，自无而有，自微而著，由一气之动，而发于周身，活活泼泼，无处不有，无时不然。于是拳之开合、动静即根此气而生；放伸、收缩之妙，即由此气而出。拳之内劲，是由此中和而生也。

君子立身，务修其本。当人未练拳术之先，无思无意，无形无象，胸中浑浑沌沌，一气浑沦，内无所视，外无所观。但腹内确有至虚至无之根，而能生出无极之气也。此是顺行天地自然之道，谓之无极，无极之理，天地之始也。

太极从无极而生，为无极之后天，万极之先天，起点之时，将神定住，心中如同在平地立竿，心气自然平稳沉静，亦无偏移。形迹未露，其理已具，故其形象太极也。虚无而生一气，是自静而动也。俟一阳动时，即速回光返照，凝神入于气穴，神气相交，二气合成一气，一气即太极，太极即一气。此谓拳之内劲也。

天为大天，人为小天。拳中内劲，即天地之理也，又人之性也，亦道家之金丹也。拳术之理是效法天地、化育万物之道也。物之性能柔中有刚，刚中有柔，刚柔相济，虚实兼到。腹内总是中正空虚，空而不空，不空而空，此是拳术内劲之意义也。

拳术之道，体万物而不遗。比之于物，形意拳如钢球、铁球，内外诚实如一，在十字当中求生活也；八卦拳如弹簧球，玲珑透体，在圆图虚无中求玄妙也；太极拳如皮球，在当中一点子运用，有有若无、实若虚之理，此三元之性质也。形象虽分三元，要皆先天之力，一气之流行也。内外如一，是诚中也，合乎儒家；不丢不顶，勿忘勿助，是虚中也，合乎道家；无拳无意，是空中也，合乎释家。斯三者，修身之大法则，亦人生之不可或缺者也。

二、动静中和　感而遂通

三体者，天地人三才之象也。三体合一，是气之静也。气以动而生物，变化无穷，是其智也；得中和、体物不遗，是其仁也；心与意合，意与气合，气与力合为内三合；肩与胯合，肘与膝合，手与足合为外三合。内外如一，成为六合，是其勇也。三者既备，至大至刚，养吾浩然之气，与儒家诚中形外之理，一以贯之相同也。

人为万物之灵，能感通诸事之应。是以心在内，而理周乎物；物在外，而理具于心。意者，心之所发也。内外总是一气之流行也。拳术以动求静，静为本体，动为作用，若言其静，未露其机；若言其动，未见其迹。动静正发而未发之间，谓之动静之机也。动静者即《易经》阴阳相摩、八卦相荡之理也。

动静即生于一气，动为阳，静为阴。所谓物物一太极，物物一阴阳也。若专以求力，即被力拘；专以求气，即被气拘；专以求沉重，即为沉重所捆坠；专以求轻浮，神气即被轻浮所散。所以然者，练之形式顺者，自有力；内里中和者，自生气；神意归于丹田者，身自然重如泰山；将神气合一化成虚空者，自然身轻如羽。

拳术气力和顺，周身血脉舒畅，所发之神气，如长江大海，滔滔不绝也。在腹内气以体言也，其大无外，其小无内。在外以用言之，可以不见而彰，不动而变，无为而成。将神气收敛于内，两手两足分合，与腰合成一气，是太极之体也；以八势含五行诸法，使神气宣布于外，是太极之用也。有用无体，弊在无根本；有体无用，弊在无变化，所以体用兼赅，乃得万全。

练习先后天合一之理，惟其三害莫犯，谨守九要而不失。三害之病：努气者，太刚则折；拙力者，血脉不能流通；腆胸提腹者，逆气上行，练之可以伤身。

拳术之理皆是规矩中之用力耳，九要规矩：塌者，腰往下塌劲，尾闾上提，阳气上升，督脉之理也；扣者，开胸顺气，阴气下降，任脉之理也；提者，谷道内提也；顶者，舌顶上腭、头顶、手顶是也；裹者，两肘往里裹劲，如两手往上托物，必得往里裹劲也；松者，松开两肩如拉弓然；垂者，两肘往下垂劲也；缩者，两肩与两胯里根，极力往回缩劲也；起钻落翻者，起为钻，落为翻；起为横，落为顺；起钻是穿，落翻是打；起亦打，落亦打；打起落，如机轮之循环无间也。

掤捋挤按採挒肘靠，进退顾盼定，即拳中之性也。用之于外者而为情，情者，即起钻落翻也。触之则旋转自如，曲中求直，蓄而后发，总是在不即不离内求玄妙，不丢不顶中讨消息；引进落空，四两拨千斤，无意中有抖擞之神力；拳中之变化，生生不已也，譬如“溥博渊泉，而时出之”，皆是拳中之意义也。

练气归神，气势腾挪。腹内如天之圆，身外如地之方，此为内圆外方之意。所谓得其环中，则应变无穷也。拳技云：“起钻落翻之未发谓之中，发而皆中节谓之和。五行合一，致其中和，则天地位，万物育矣！”练到至善处，以和为体，和之中智勇生焉。所以拳术一道，首重中和，中和之外无玄妙也。

拳术有三层道理：头层明劲，足打七分，手打三，五行四梢要合全，气连心意随时用，硬打硬进无遮拦，此是有形之用，即炼精化气、易骨之道也；二层练暗劲，起无形，落无踪，起似伏龙登天，落如霹雷击地，此是无迹之用，拳中之柔劲，即练气化神、易筋之道也；三层化劲，刚柔悉化，内外如一，循环无端，此神化之用，即炼神还虚、洗髓之功夫也。至练虚合道，能寂然不动，感而遂通，是将真意化到至虚至无之境，不动之时，内中寂然，空虚无一动其心，至于忽然有不测之事，虽不见不闻，而能觉而避之。练到此时，是拳无拳、意无意，无意之中是真意至矣！

三、顺逆和化　绵绵若存

丹道始终全仗呼吸，胎息诀云：气穴之间，又谓之天地根，凝神于此，有若无，实若虚，久之元气日充，元神日旺，四体康健矣。李东垣先生曰："人自虚无而生神，积神而生气，积气而生精，此自无而之有也；炼精而化气，炼气而化神，炼神而化虚，此自有而之无也。"拳术之道，生化之理，亦即此意也。

修身之本，还原之道。顺逆和化，即拳中合宜之理也。顺者，顺中用逆，转乾坤、扭气机，行有为变化之道，阴中返阳，以复先天也；逆者，逆中行顺，阳中用阴，行无为自然之道，以养先天也；和者，气力中正无乖也；化者，化其后天之气力归于丹田，而返真阳也。总而言之，拳中气力上下内外如一，静则存动，变而至于化，化而通于神，求其中和，拙劲归于真劲也。

拳术调呼吸，总要纯任自然。动之则分，静之则合。其拳顺则清气上升谓之开，开者为阳；气由上而下沉谓之合，合者为阴。合便是收，开便是放；吸为合为蓄，呼为开为发。盖吸则提得人起，呼则自然沉得下，亦放得人出。开中寓合，合中寓开。时阳则阳，时阴则阴。阳而阴，阴而阳，开合像一气运阴阳，即太极一气也。

练拳术有三层之呼吸。第一，任其自然，手足动作合于规矩，即炼精化气之功夫，谓之调息；第二，以神用息，起落进退如一，内外神形相合，着意丹田之内呼吸，是谓炼气化神之理，谓之息调，又名胎息；第三，动作旋转，一气流行，循环无端，呼吸似有而无，心中空空洞洞，腹虽实而若虚，是为还虚之道，谓之真息。拳经云：抱元守一而虚中，虚中而念化。内中之呼吸，上下相通，从尾闾至夹脊，至玉枕，至天顶而下，将元阳收敛于气海矣。《易》云"水火既济"，儒云"复其真元"，庄子云"呼吸以踵"，老子云"绵绵若存"，皆是拳术内劲之意义也。

太极、八卦之用，或黏、或走、或刚、或柔并散手之用，有三层意思。初层练习，身体如在水中，两足踏地，周身与手足动作如有水之阻力；第二层练习，两足已浮起不着地，如长泅者浮游其间，皆自如也；第三层练习，两足如在水面上行，神气四肢，总要完整，心中战战兢兢，如临深渊，如履薄冰。如此心思会悟，身体力行，功久引进落空之法亦可随心所欲而用之也。

学人欲练神化之功者，须择天时、地利、气候、方向而练之。此理是借天地之灵气，受日月之照临，得五行之秀美也。故心一动，其理流行于天地之间，发著于六合之远，而万物之中，无物不有也，心一静，其气能缩至于心中，寂然如静室，无一物所有，能与太虚合而为一体也。盖万物生于一理，拳学生于一气，推之全球无异也。惟于理有未穷，知有不尽也。故以拳术时而习之，而一旦豁然贯通，则万物之中，目有所见，心有所感，皆能效法，彼之性能而为我用矣。内外一气流行，可以位天地，孕阴阳。故拳术之内劲，实为人身之基础也。《中庸》云："天命之谓性，率性之谓道。"善练者，终身用之，有不能尽者矣！

第三篇　孙禄堂武技创奇迹

宗师孙禄堂，其父孙为证；清末文林郎，家教明善德；禄堂幼苦读，父教母督勉；禄堂超常人，学识多宏富；国术尤娴熟，清选用知县；民国总统府，御赐武承宣；两代七品官，陵园千秋碑。

终生研武学，遍访明拳师；博取而后发，名扬国南北；孙禄堂武学，升华在习文；功在练若打，瞄靶特精准；交流打若练，六合成整体；先后天合一，创古今奇迹。

拳学五部书，传世无价宝！1928年，应邀赴南京；中央国术馆，任武当门长；江苏国术馆，聘任副馆长；禄堂子焕文（即孙存周），爱女字书庭（即孙剑云）；嫡孙子宝亨，八十（80）余寿终；嫡孙女叔容，桃李满天下；嫡孙女婉容，笔耕留祖传；今排列“宗师”，弘扬育后人。

一、武技大创新

定兴鹿传霖（军机大臣），其子喜骑术；一日校场试，宗师当场观；飞腾一周后，宗师即尾追；纵身附马背，若飞燕穿云；鹿竟未觉到，观者无不惊；墙上能挂画，轻功弹跳奇。1880年，拜师李奎元；1882年，赴深县马庄；投奔郭云深，师祖处再造；八年艺上身，形意拳大进。

1889年，进京学八卦；举手擒飞鸟，献师程廷华；师诚倾囊授，禄堂八卦得；人称赛活猴，师荐访高人；遍访川蜀中，问道两年多。

1919年，徐世昌高聘；奉天献绝技；关东武霸王，挑战承宣官；禄堂即应战，为民除一害。

宗师居丰润，遇一武林汉，人称武霸王；宗师坐椅上，任彼拳脚击；刹那武飞出，跌出座椅后；两颗门牙掉，当即欲拜师。

1923年后，津门论大枪；宗师对张策，二指夹枪根；张策枪刺到，即刻被黏住；进退不由己，气喘面汗流；服输拱手拜，握手称共道。

1930年，宗师年七十；名家赵道新，年方二十余；在沪访宗师，求教推手技；四试赵皆败，被控不由己；太极杨澄甫，切磋心里服；口称孙禄堂，神哉绵裹电。

二、武技扬国威

1908年，俄国大力士；彼得洛夫莅，沈阳摆擂台；宗师迎挑战，全胜扬国威。

1921年，日本武士道，板垣来北平；天皇书记官，陪同访宗师；宣外大仆寺，宗师仰卧地；左手压于身，板垣坐腹上；号令三声出，宗师即站起；板垣还不服，拳脚频频击；胖体即飞跌，京报有刊出。

1930年，宗师年七十；日本六武士，武馆来造访；孙公仍仰卧，令五人按压；一人喊出号，宗师腾空起；日人被震倒，心服欲拜师；禄堂公不允，回国悬像拜。

三、论身、步、法

（一）论身

身如拨浪鼓，手是击鼓捶；力出肌肉缩，扭踝抽胯根；前手欲发力，后沉跷跷棍；

身如虎扑羊，全身起动能；劲起后脚掌，借力催身形；臀胯松又坐，避免身前倾；

身如坦克车，动如江河涌；前进后足跟，半步催山崩；六合钢铁铸，顺逆形不分；

起腿意念平，坐胯自调中；支撑小腿静，垂直勿颤动；双踢动态稳，意在三节整；

内空而不空，太极在身中；胸腹如气缸，外圆刚柔平；自然如流水，拿劲变无穷；

颈如雄鸡唱，胸虚腰腹松；肘膝阴阳抱，中正忌猫腰；极限是死道，中和寿命增。

（二）论步

两足为根，三角平行；四十五度，起步有横；双足离地，无根有凶；重心在后，前踩后蹬；

动步抽胯，裹膝顶撑；踢踹摆莲，小腿弹崩；挤手进步，捋掠步撤；金鸡独立，手採膝顶；

进退走转，单重循环；过步周旋，半步无形；身定偷步，暗腿欺中；气从足起，踝刚跟扭；

小腿支撑，垂直勿动；步幅两脚，灵便为要；拔步费劲，弓蹬变慢；起不亮相，快落快出；

吸起呼落，与肺同步；虚步欲起，神在足膝；后踝前趾，方向大同；或扣或摆，中正对称；

正八直角，倒八齐胯；侧八盘步，膝腘连锁；步活身灵，步稳劲整；手三足七，步载输赢。

（三）论法

六合当位严阵待，知己知彼静待动；拒之门外破门入，技击诡道智仁勇；

虚接实领引彼倾，先拿后打逆顺崩；暴力伤身长劲优，滚钻主宰圆柔控；

见隙就入水钻坝，出其不备打神愣；以圆胜直准胜快，打起打落打瘪停；

以刚破柔简胜繁，道理服人文化赢；小德曰变大德和，上乘无迹神气行。

第四篇　孙禄堂太极武学论

古者包羲氏之王天下，仰观于天，俯观于地，始作八卦（即先天八卦），以通神明之德，以类万物之情。先哲曰："武学与文学一理、文武兼进，同出一源可也。"

一、太极武学渊源

古有穴居之世，禽兽逼之，于是制竹木之器械以御之。待黄帝、蚩尤兵刃始兴三代，有周肇兴，兼重武舞。厥后猿公教刺，为剑术之权舆。炎黄游侠踵起，而剑道、手搏、角抵并载诸史，惜未详其法。东汉末之五禽，经今颇有承其绪者，是诚国术之萌芽也。

梁武帝时，达摩东来，虑其徒众未谙动静相养之道，于是著"易筋""洗髓"两经，内外交修，为强健身体之初步。继之分刚柔两派，而少林、内家之拳自兹始矣。岳武穆得"筋、髓"两经，复阐发"易骨"之功用，命名曰形意。此拳动静中和之道也。余侍李奎元先生为师，又从学郭云深先生数载，曾得见岳武穆拳谱，顿开茅塞。

八卦拳学，大都隐于释、道两门。至前清有直隶文安董海川先生，平生好武，尝遨游四方，至江皖遇一异人传授此技，得其精奥。后至北京传授程先生廷华、李先生存义、尹先生福、刘先生凤春、梁先生振普等多人。余与周详、李文彪、秦成等皆亲炙程先生之门者。遂知其本体太极，先天也；一气旋转，后天也。此技之妙，遂流传于社会矣。

太极则滥觞于唐之李道子、许宣平。元顺帝时，张三丰先生修道于武当，见修丹之士，兼练拳术者，后天之力用之过当，不能得中和之气，以至伤丹而损元气。故尊二经之义，用周子太极图之形，取河洛之理，先后《易》之数，顺其理之自然，作太极拳术，阐明养身之妙。张松溪、单思南等传其衣钵。其精微奥妙，山右王宗岳先生，论之详矣！自是而后，至前清道、咸年间，豫省怀庆府赵堡镇，有陈清平先生者，精于是技。广平杨露禅先生、武禹襄先生从学之，得其精义。继传之李亦畬先生、郝为真先生，亦深得其拳之奥妙。余受教于为真先生，朝夕习练，数年之久，略明拳中大概之理，又深思体验，将夙昔所练之形意拳、八卦拳与太极拳，三家会合而为一体，三派之姿势虽不同，其理则一。此内家拳之发源也。

二、太极武学精义

乾坤肇造，元气流行，动静分合，遂生万物。气以成形，而人道生焉。拳脚阴阳相合，而拳道出焉。丹书云："道自虚无生一气，便从一气产阴阳。"虚无一气者，为人性命之根，造化之源，也即拳中内劲之基础也。此气在内，由下而上，督脉之理也；由上而下，任脉之理也；胎息诀云：气穴之间，又谓之天地根，凝神于此，海底之气与神气相交，归于丹田之中，运贯于周身，畅达于四肢，融融和和，上下相连，手足相顾，如太极阴阳鱼，即是明心见性，一神之妙用也。

人自赋性含生以后，本藏有养生之元气，不仰不俯，不偏不倚，和而不流，至善至极，是为真阳，所谓中和之气是也。其气平时洋溢于四体之中，沁润于百骸之内，无处不有，无时不然，内外一气，流行不息。于是拳之开合、动静即根此气而生；放伸、收缩之妙，即由此气而出。有无不立，开合自然，皆在当中一点子运用，即太极是也。以体言，则为太极；以用言，则为一气。学者能于开合动静相交处，悟彻本原，则可在各式圜研相合之中，得其妙用矣。圜者，有形之虚圈○是也，研者，无形之实圈●是也。斯二者，太极拳虚实之理也。

拳术亦重中和，亦重仁义。拳经云：尚德不尚力，意在蓄神耳。若不明此理，即练至捷如飞鸟，力举千钧，不过匹夫之勇也。夫道者，阴阳之根，万物之体也。其道未发，悬于太虚之内；其道已发，流行于万物之中。道之伸缩流行，即太极一气，一气即太极也，我身中之阴阳，即天地之阴阳也。将此道得之于心，为自己终身修养之功课，可以独善其身，亦可以兼善天下也。练者以和为体，和之中智勇生焉。起钻落翻之未发谓之中，发皆中节谓之和。中也者（虚空之性体也），拳学之大本也；和也者

（是已发之中也），拳学之达道也。所以，拳术一道，首重中和，中和以外无玄妙也。拳之内劲是由中和而生也。

太极式一气流行，一动一静，分合上下，内外如一，谓之练体，为知己功夫；二人打手，起落进退，力从人借，气由脊发，劲由内换，变换在腿，含蓄在胸，运用在两肩，主宰在腰，合中寓开，开中寓合，上与两膊相系，下与两腿相随，触之旋转，引进落空，谓之习用，为知人功夫。用之于彼，不可专用成法，须固住自己神气，不使散乱，不求胜人，而人莫能胜，如常求胜人为务，好勇斗狠，终必死于其技。此谓无敌于天下也。成法者，是初入门教人之规矩，可以变化人之气质，开人之知识，明人之心性。是化除后天之气质，以复先天之气也。练至虚无之时，无所谓体，无所谓用。以体言之，无往而不得其道也。以用言之，无可无不可也。

太极为无极之后天，万极之先天。若使先天健全，须借后天有形式之身，以行有为变化之道，则能补全先天之气也。无为之妙，在乎逆中行顺，阳中用阴，运其柔顺之德，谷道上提，舌顶上腭，匿藏先天之阳，不使真体有伤也。真体有伤，须当有为。有为之窍，在乎以术延命，顺退后天之阴，逆返先天之阳也。以上皆是用意，不用拙力。先哲云：虚灵顶劲是也。时时练习，后天之精自化，先天之气自生矣。

太极者，属土也，生生不息谓之土，因其一气运用谓之太极。练拳学者，真意萌发之时，动而未发之谓横，横者亦土也，为诸形之母也。其横则为拳中之太极也。以无极式为之根，以太极式为之体，斯二者，乃拳中万式之基础也。以五行、八卦、十三势，为太极之用，又为万法之纲也。道之流行，“放之弥六合，卷之则退藏于密”，皆是拳之内劲也。

太极者，无极而生，阴阳之母也。其中本一理、二气、三才、四象、五行、六合、七星、八卦、九宫等奥义，始于一，终于九，九又还于一之数也。一理者，即太极拳术起点腹内中和之气，太极是也；二气者，身体一动一静之式，两仪是也；三才者，头手足，即上、中、下也；四象者，即前进、后退、左顾、右盼也；五行者，即进、退、顾、盼、定也；六合者，即精合其神、神合其气、气合其精，是内三合也，肩与胯合、肘与膝合、手与足合，是外三合也，内外如一，是成为六合；七星者，头、手、肩、肘、胯、膝、足共七拳，是七星也；八卦者，掤、捋、挤、按、採、挒、肘、靠，即八法也；九宫者，以八手加中定，是九宫也。太极之真，二五之精，所谓散则万殊，合则一本也。

顺、逆、和、化四者，即拳中合宜之理也。顺者，身子往上起也，手足顺其自然往前伸也；逆者，气往下沉也，气力往回缩也；和者，气力中正无乖也；化者，化其后天之气力归于丹田而返真阳也。拳术之理皆是规矩中之用力耳。若专以求力，即被力拘；专以求气，即被气拘；若专以求沉重，即为沉重所捆坠；若专以求轻浮，神气即被轻浮所散。增其华者减其骨，饰其外者丧其中。所以然者，拳术练之形式顺者，自有力；中和者，自生气；神意归于丹田者，自然重如泰山；将神气合一，化为虚空者，自然身轻如羽。

伏羲之卦先天也，文王之卦后天也。今以先天而言，则为拳中无形之劲，谓之性，性即身中无形之八卦也；以后天而言，身形开合、伸缩各有阴阳谓之情。此是先后天分言，谓之开也；合而言之，人心即天理，天理即人心。《易》云："远在六合以外，近在一身之中。"而一旦豁然贯通，目有所见，心有所感，则皆能效法为我所用矣。动之则分，静之则合。动静者亦即《易经》阴阳相摩，八卦相荡之理也。

人为万物之灵，能感通诸事之应。是以心在内，而理周乎物；物在外，而理具于心。拳中自始至终无有乖戾之气，则能尽其性矣。练习先后天合一之理，惟其三害莫犯，谨守九要而不失。内五行要动，外五形要随。神气收敛入骨，两股前节要有力。静为本体，动为作用，若言其静，未露其机，若言其动，未见其迹。正发而未发之间，谓之动静之机也。

静坐以呼吸调息，拳术以手足动作合于规矩，不失天地人三才合一之本体，谓之调息；手足相合，起落进退如一，内外神形相合，谓之息调；动作旋转，一气流行，循环无端，呼吸似有而无，谓之停息。也谓之真息，是一神之妙用也。拳经云；抱元守一而虚中，虚中而念化。内中之呼吸，以神用息，从尾闾至夹脊至玉枕，至天顶而下，将元阳收敛于气海矣。先哲云"呼吸以踵"，即此意也。将神气收敛于内，混融而为一，则为德，是太极之体也。使神气宣布于外则为道，是太极之用也。有体无用，弊在无变化；有用无体，弊在无根本。所以体用兼赅，乃得万全。

天之所覆，地之所载，凡有血气者，皆秉天地之全气、全理而成，推之全球无异也。圣人受天地之正气，率性修道而有其身。所以练神化之功者，须择天时、地利、气候、方向而练之。以借天地之灵气，受日月之照临，而能与太虚同体，与天地并立矣。

三、太极、形意、八卦三派合一

形意拳之诚一也，八卦拳之万法归一也，太极拳之抱元守一也。练习之法，形意以经之，八卦以纬之，太极以和之。形象虽分三元，要不出人丹田之气也。

先哲云："拳术之道，体万物而不遗。"余常自揣三元性质，比之于物，形意拳如钢球、铁球，内外诚实如一；八卦拳如弹簧球，周围玲珑透体；太极拳如皮球，内外虚灵，有有若无、实若虚之理，"绵绵若存，养浩然之气"，此三元之性质也。

气无二气，理无二理。三派拳剑之理，大别（同）有三：其一，形意地也，八卦天也，太极人也。天地人三才，上下相连，手足相顾，内外如一，是诚中也，合乎儒家；其二，不即不离，不丢不顶，勿忘勿助，是虚中也，合乎道家；其三，拳无拳，意无意，是空中也，合乎释家。斯三者，人生之不可或缺者也。圣贤之所谓执中（还虚之功用也）、佛家之所谓圆觉、道家之所谓谷神，名词虽殊，要皆此气之流行而已。亦即万殊一本之道也。此道执械则为剑，八卦剑以其体言之，实即太极剑也，无械即是拳。形意、八卦、太极浑然一气，实无区分，实出一人所传也。三派自虚无而起，自虚无而还也，统体一阴阳也，阴阳总归一太极也。子曰："吾道一以贯之也。"

四、太极武学程序

无极之理，天地之始。当人未练拳术之初，两足如立空虚之地，动静不能自如也。静为无极体，动为无极用。若言其静，则胸中空空洞洞，意向、思想一无所有，内无所视，外无所观也。但腹内确有至虚至无之根，氤氤氲氲，清浊不辨，有无不立，一气浑然者也。此谓无极形式也。

练架子时，内中精气神贵能圆满无亏，神意徐徐下注于丹田。务使气敛入脊骨，呼吸通灵，周身罔间，气如车轮，一气贯穿，全是用意，不是用劲。拳术有炼精化气、炼气化神、炼神还虚三层道理（精气神）；有易骨、易筋、洗髓三步功夫（骨筋髓）。初层练习，身体如在水中，两足踏地，周身与手足动作如有水之阻力；第二层练习，身体手足动作，如在水中，而两足已浮起，如长泅者浮游其间皆自如也；第三层练习，身体愈轻灵，两足如在水面上行，心中战战兢兢，如履薄冰。腹内总要有虚空松开之意。

操练手法时，手足动作，要在周身灵活不滞。先达云：终朝每日常缠手，总在不即不离内求玄妙，不丢不顶中讨消息，以致引进落空，四两拨千斤，所发之神气，运化于周身，无微不至，以至于应用，无处不有，无时不然。遇人相较，曲中求直，蓄而后发，方者以正其中，圆者以应其外，伸缩往来，肘不离肋，手不离心，所用皆是道理，亦无入而不自得。有不得力处，便是双重未化，要于阴阳开合中求之。

至练虚合道，是将真意化到至虚至无之境，不动之时，内中寂然，忽然有不测之事，虽不见不闻，而能觉而避之。夫若是，则至拳无拳、意无意、无形无象、炼神还虚、神化不测之妙道得矣。君子修身务求其本，不务外观，但求真道。太极之旨，颐养修身，不独可延年益寿，直可与太虚同体矣！

五、新太极拳论（太极拳品鉴）

太极即一气，一气万物体；出入促生化，呼吸增动力；演绎气流行，即是太极拳！行拳如流水，功夫如行云；太极如日月，循环无始终；又如太平洋，浩瀚无边际；伸缩与开合，肌肉内劲生；意念轻而短，灵妙自然生。

人初性本善，学贤则立人；奋斗不停止，生命存人间；劳动创造人，寿世太极拳；阴阳本是像，误传懂劲源；生存寿万代，诗书代代传；灵感阳中玄，实践存人间。

武学在乎手，万法生乎身；八法实捋挤，胜人先从人；时位求精准，心气求自然；动静求中和，太极拳健身；中和谓之纲，呼吸以为证！形正气自和，形俱则神生。

拳求步法顺，招求彼势背；一气之起落，一气运开合；蹬地借地力，支撑真单重（进跟退撤）；守我形不瘪，力出不破形；节奏唤持久，顺逆有轻重；气卷水浪涌，太极简而成。

后臀垂后踵，前膝垂前踵；出掌要平肩，出拳与心平；胯膝定高矮，肩肘定长短；偏角四五度（45°），夹角互为平（角）；伸缩与开合，与肺求共振；肌肉有伸缩，内劲自然生；心静养正气，静为天下正；武学不忘初，传统文化融！

孙氏太极拳，原创九十八（98式）；时长六分钟，比赛难适应；简化三十八（38式），时长三分钟；半天能学会，参赛能从容；原创式不少，踢腿也十次；单时运动量，只增不会少；三是天地人，八是环境场；三八（38）即太极，数码通天理。

六、二圣“四句教”之比较

“先天源于太极一气，后天生于一气流行，修身本于文武俱进，生命在于动静中和”；宗师孙禄堂，阐武基本理；顺天顺生理，性命获真谛；宗师四句教，太极养正气；升华武传统，堪称里程碑。

太极本一气，一气即太极；虚无养元气，内守养元神！形俱则神生，外动内供能！ 物物一太极，物物一阴阳！以先天而言，为无形之劲；以后天而言，变化极灵妙；意者心之生，心意诚于中；环境生万物，万物顺环境。

宗师孙禄堂，穷毕生精力；将《易经》《内经》，《中庸》《道德经》；“诸传统文化，多融于拳术；武学与文学，与人类同源；拳术之大道，内外须如一；练拳启本能，先后天合一；生理合天理，修身大法则”。

《太极拳学》曰：“父母生人后，养生有元气；不仰又不俯，至善又至极；中和为本体，功夫无玄奇！”“生命在中和”，武学得天理；“宗师四句教”，寿世教化人；培强国之基，用意大而远。

附：明朝王阳明，四句教其文；“无善无恶心之体，有善有恶心之动，知善知恶是良知，为善去恶是格物”。

二圣“四句教”，大同而词异。王氏论人德，孙氏论人道。“无善无恶”体，先天之性状，“有善有恶”性，后天之属性；“心之动”即是，一气都流行；“知善知恶”则，“文武能俱进”，感通“心良知”，文武俱拼搏；“为善与去恶”，修身求大本；“格物”本质是，“动静与中和”。

孙氏“四句教”，是寿世育人；培强盛之基，大之本无疑；开启应弘扬，中华武学史；宗师“四句教”，发扬再光大。

武学再创新：宗师孙禄堂，论本不论表；太极即一气，一气即太极；气是大环境，上下左右中；动静倡中和，呼吸以为证；形意连环掌，功夫易上身；内气人人有，练功气自健；八卦重方位，演绎方圆功；形正则气和，形俱则神生；时位准力厚，静为天下正。

步法不拉长，重心不双担；我顺虚脚点，单重借地力；进步站时位，步法灵妙变；吸气手足钻，呼气手足翻；出手求本能，落手求即兴；搭手求管控，先顺引力空；顺长逆要短，爆发力自刚；顺长出临界，江河浪力涌；此为太极力，爆力非太极。

中卷　拳械学大全

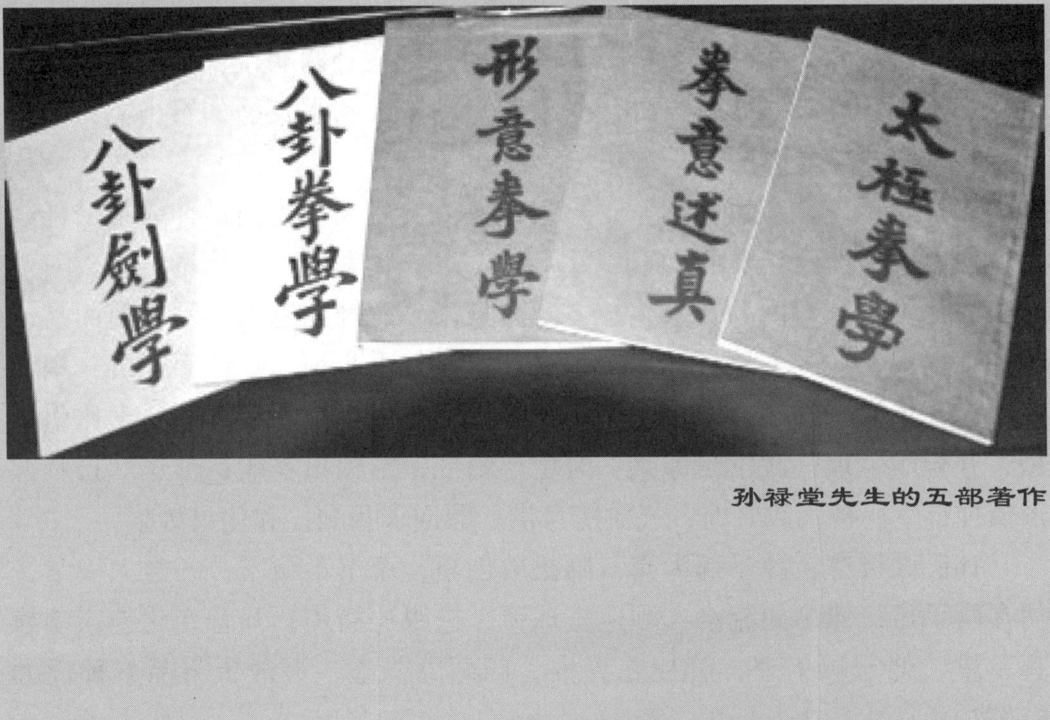

孙禄堂先生的五部著作

第一篇 98式太极拳

太极即一气，一气即太极；演绎气流行，即是太极拳！无极式为根，太极式为体，二者在拳中，与天地并立！生生之谓性，万物为之根。

一、纲要

（一）武学不忘初

数码有灵性，生化有智能；天地有九宫，八卦四隅正；老阴与老阳，九八合天理；九十八式学，孙氏太极拳；动若云和水，静如泰山立；频率如心肺，内外都全息！

初形不可忘，众家称绵拳；先天气血流，后天体为用；伸缩求最佳，力不伤血气；行云似流水，无声润万物。

时位求精准，内劲自然生；方圆赢技击，意轻而有力；大道简而易，六九手上求；太极不停顿，开合手相连；吸气手张顶，呼气手抓沉；梢节气血充，肠胃蠕动增；太极不用刚，眼毒手灵妙！负阴而抱阳，寿比南山松；开合顺生理，武学当即兴；时位求精准，结构出本能；形正气自和，形俱神自生；神气武之魂，气血能自供；顺逆求我顺，和化灵妙生。

孙氏太极拳，源于郝为真；师祖敢创新，著书不藏密；开合太极拳，功在两手足；伸缩如流水，顺逆皮球弹；进跟退撤步，开合变化连；动静真单重，伸缩顺生理；管控临界推，四两胜非虚；万般皆下品，孙氏太极好！

（二）“一气流行”解

“一气”是物质，“流行”是属性；天地行昼夜，温差推生风；风生万物交，雨雪育众生；气血体内充，流动寿命增；内劲肌肉出，感通皆“本能”；太极有智能，气血一气流。

意念如开关，一按立刻启；再按就是关，伤身坏电器；信息新时代，程序是关键；“日行八万里”，一瞬500米；太阳照地球，赋予气流行；“心动”气必耗，“形动”气流行；“神意”消耗能，大于形体动；条件反射出，无意含真意。

二、目录

1. 无极式
2. 太极式
3. 懒扎衣
4. 开手
5. 合手
6. 单鞭
7. 提手上式
8. 白鹤亮翅
9. 开手
10. 合手
11. 搂膝拗步
12. 手挥琵琶式
13. 进步搬拦捶
14. 如封似闭
15. 抱虎推山
16. 开手
17. 合手
18. 搂膝拗步
19. 手挥琵琶式
20. 懒扎衣
21. 开手
22. 合手
23. 单鞭
24. 肘下看捶
25. 倒撵猴左式
26. 倒撵猴右式
27. 手挥琵琶式
28. 白鹤亮翅
29. 开手
30. 合手
31. 搂膝拗步
32. 手挥琵琶式
33. 三通背
34. 开手
35. 合手
36. 单鞭
37. 云手
38. 高探马
39. 右起脚
40. 左起脚
41. 转身踢脚
42. 践步打捶
43. 翻身二起
44. 披身伏虎
45. 左踢脚
46. 右蹬脚
47. 上步搬拦捶
48. 如封似闭
49. 抱虎推山
50. 开手
51. 合手
52. 搂膝拗步
53. 手挥琵琶式
54. 懒扎衣
55. 开手
56. 合手
57. 斜单鞭
58. 野马分鬃
59. 开手
60. 合手

61. 单鞭
62. 右通背掌
63. 玉女穿梭
64. 手挥琵琶式
65. 懒扎衣
66. 开手
67. 合手
68. 单鞭
69. 云手
70. 云手下势
71. 更鸡独立
72. 倒撵猴
73. 手挥琵琶式
74. 白鹤亮翅
75. 开手
76. 合手
77. 搂膝拗步
78. 手挥琵琶式
79. 三通背
80. 开手
81. 合手
82. 单鞭
83. 云手
84. 高探马
85. 十字摆莲
86. 进步指裆捶
87. 退步懒扎衣
88. 开手
89. 合手
90. 单鞭
91. 单鞭下势
92. 上步七星
93. 下步跨虎
94. 转角摆莲
95. 弯弓射虎
96. 双撞捶
97. 阴阳混一
98. 无极还原

三、分段学练

第一段（1–10式）

先选择并记住起式地点，然后开始。

1. 无极式

面向正前方，身体立中正；双手自然垂，两足成直角；空如游上天，目视无所景；静如进山谷，耳闻无所声；静立最佳时，默念三呼吸。（图1–1）

图1–1

2. 太极式

身足半左转，重心压左踵；右足尖左拧，四十五度（45°）角；虚无有时位，身轻体灵妙；观察横竖线，校正身手中；目视无所感，耳听无所声。（图1–2）

图1–2

3. 懒扎衣

手起身要落，手落身要长（注：此天地顺逆之理）；两手如抱球，起至与肩平；左足斜前迈，极力翘足尖；重心移左足，随即右足跟；右转135°；捋挤与颈平，与彼搭手绕；伸臂有屈度，缩臂勿自缚；足须真单重，足掌换足踵；缩在足跟撑，伸在足掌蹬；起落有一静，吐浊补消耗。（图1–3～图1–8）

图1–3

图1–4

图1–5

图1–6

图1–7

图1–8

4. 开手　5. 合手

左转90°，开合在肩胛，增加呼吸量（注：气乃命之蒂）；顶肘破彼抱，拿手向外绕；开不过肩井，合不过脸颊；高不过嘴角，低不过两腋；手心须相对，肘角须垂直；两手如抱球，抓牢勿松掉；眼看食指前，观察彼眼神。起落有一静，心肺任自然。（图1–9、图1–10）

图1–9

图1–10

6. 单鞭

左足左横迈，左重右轻撑，此式为特例；左膝垂压踵，足距一肩半；右腿近似直，斜撑调平衡；两手与肩平，两掌向外撑；两臂大弧弦，虎口与肩平；起落有一静，吐浊吸新氧。（图1–11）

图1–11

7. 提手上式

手腕挺住劲，手指力张顶；额前左手背，右掌垂老阴（掌心向右）；右足尖点地，重心压左踵；亮相不显停，心静智能生。（图1–12）

图1–12

8. 白鹤亮翅

两手上下换，额前右掌背，左掌胸前推；右足进一尺，足尖往上扬；重心压左踵，中轴勿前倾；右肘往前顶，左肘向左撑；目视彼眼神，观察彼动静；起落有一静，吐浊补氧耗。（图1–13～图1–15）

图1–13

图1–14

图1–15

9. 开手　10. 合手

开合在肩胛，增加呼吸量；顶肘破彼抱，拿手外提绕；开不过肩井，合不过脸颊；高不过嘴角，低不过两腋；手心须相对，肘角须垂直；两手如抱球，抓牢勿松掉；眼看食指前，观察彼眼神；起落有一静，吐浊补氧耗。（图1–16、图1–17）

图1–16

图1–17

第二段（11-24式）

11. 搂膝拗步

左搂右顺脸，左转90°，左进右步跟；两掌顶塌腕，推撑如拉弓；右掌从嘴出，食指与口平，左掌胯根撑；张顶精神扬，抓抠肠胃动；身压左足踵，右足掌点地。（图1-18、图1-19）

图1-18

图1-19

12. 手挥琵琶式

右足退一尺，左足撤三寸；两手与心平，右手齐左肘；重心压右踵，左足尖点地；动中心要静，静中腿要定。（图1-20）

图1-20

13. 进步搬拦捶

左足斜横进，右仰掌前伸；左覆掌后搬，重心压左踵；右足斜横进，左仰掌前伸；右掌右后搬，两足侧八字；重心压右踵，左足向前进；右足斜横跟，身压右足踵；双手都握拳，右拳向前伸；拳眼向着上，左拳背向上；右肘下边藏，中轴勿前倾。（图1-21～图1-23）

图1–21

图1–22

图1–23

14. 如封似闭

双手往回抽，变掌胸前推；右足往回退，左足往回撤；身如立船上，身子要平稳；右足支撑静，左足踮着灵；目视前方彼，心中空悠悠。（图1–24）

图1–24

15. 抱虎推山

两手胸前推，抓抠腕顶沉；左足极力进，右足随即跟；重心压右踵，右足用力蹬；外形有微停，内气往下沉；前臂平胸骨，目视身前靶；起落有一静，吐浊吸鲜氧。（图1–25）

图1–25

16. 开手　17. 合手

右转90°，开合在肩胛，增加呼吸量；顶肘破彼抱，拿手外提绕；开不过肩井，合不过脸颊；高不过嘴角，低不过两腋；手心正相对，肘角须垂直；两手如抱球，抓牢勿松掉；眼看食指前，观察彼出手；起落有一静，吐浊吸鲜氧。（图1-26、图1-27）

图1-26

图1-27

18. 搂膝拗步

右转90°，右搂胯根按，左掌从嘴出；右足进占位，左足掌紧跟；左掌顶塌腕，右掌胯根撑；张顶精神扬，抓抠肠胃动；身压右足踵，左足踮足跟。（图1-28、图1-29）

图1-28

图1-29

19. 手挥琵琶式

左足退一尺，右足撤三寸；两手与心平，左手齐右肘；重心压左踵，右足掌点地；动中心要静，静中腿要定。（图1-30）

图1-30

20. 懒扎衣

两手如抱球，抓牢勿松掉；捋挤与颈平，与彼搭手绕；伸臂勿离手，缩臂勿自缚；呼吸与共振，捋挤有节奏；足须真单重，足掌换足踵；缩在足跟撑，伸在足掌蹬；两手亲兄弟，前后相呼应；起止都要静，吐浊补鲜氧。（图1–31、图1–32）

图1–31

图1–32

21. 开手　22. 合手

左转90°；开合在肩胛，增加呼吸量；顶肘破彼抱，拿手外缠绕；开不过肩井，合不过脸颊；高不过嘴角，低不过两腋；手心正相对，肘角须垂直；两手如抱球，抓牢勿松掉；眼看食指前，观察彼眼神；起落有一静，吐浊补鲜氧。（图1–33、图1–34）

图1–33

图1–34

23. 单鞭

左足左横迈，左重右轻撑，此式为特例；左膝垂压踵，足距二尺许；右腿近似直，斜撑调平衡；两手与肩平，两掌向外撑；两臂大弧弦，虎口与肩平；起落有一静，吐浊补鲜氧。（图1–35）

图1–35

24. 肘下看捶

左转90°，左足扣变实；左掌径直穿，右捶左拧进；拳眼左肘下，右臂平于心；左足左进步，右足紧后跟；右踵承体重，左足踮足跟；目视左掌前，周身贵轻灵。（图1–36）

图1–36

第三段（25–42式）

25. 倒撵猴左式

右足右后撤，左足踮着随；步似斜长方，非是三才步；左转90°；左掌左下按，按到左胯前；右掌从口出，向左推彼胸；左足左前进，右足随即跟；重心压左踵，踮起右足跟；足似斜长方，右掌对左踵。（图1–37）

图1–37

26. 倒撵猴右式

右足跟落地，重心压右踵；左转180°；左足向右扣，两足扣八字；右掌右后搂，搂至右胯前；右足右后迈，左足随即跟；步似斜长方，非是三才步；左掌向右推，靶标是彼胸；左足跟不落，身压右足踵；足似斜长方，左掌对右踵。（图1–38）

图1–38

27. 手挥琵琶式

左足后退步，右足随即撤；两手与心平，左手齐右肘；重心压左踵，右足掌点地；左掌对右踝，左臂垂左踵。（图1-39）

图1-39

28. 白鹤亮翅

两手上下换，额前右掌背；左掌胸前推，掌心正向前；右足抬脚掌，脚尖往上扬；重心落左踵，中轴勿前倾；右肘往前顶，左肘向左撑；目视彼双眸，观察彼动静；起落有一静，吐浊吸鲜氧。（图1-40～图1-42）

图1-40

图1-41

图1-42

29. 开手　30. 合手

开合在肩胛，增加呼吸量；顶肘破彼抱，拿手外缠绕；开不过肩井，合不过脸颊；高不过嘴角，低不过两腋；手心正相对，肘角须垂直；两手如抱球，抓牢勿松掉；眼看食指前，观察彼眼神；起落有一静，吐浊吸鲜氧。（图1-43、图1-44）

图1-43

图1-44

31. 搂膝拗步

左搂右顺脸，左转90°，左进右步跟；两掌顶塌腕，推撑如拉弓；右掌从嘴出，手指与口平，左掌胯根撑；张顶精神扬，抓抠肠胃动；身压左足踵，右足踮足跟。（图1–45、图1–46）

图1–45

图1–46

32. 手挥琵琶式

右足后退步，左足随即撤；两手与心平，右手齐左肘；重心在右踵，左足掌点地；足距不过尺，右臂垂右踵。（图1–47）

图1–47

33. 三通背

（1）双手斜相对，左搂右掌穿；右手仰掌举，至头顶翻掌；左手覆掌搂，搂至左胯旁；重心压右踵，坐胯沉足跟；沉肩头顶劲，犹如做牵引；脊柱能拉抻，提肛深呼吸。（图1–48）

图1–48

（2）右手齐头顶，覆掌往下按；按过两腿中，离地约七寸；左手护左胯，手指意插地；左足向后撤，撤至右足前；左足跟离地，重心压右踵；两腿微弯曲，目视右手前。（图1–49、图1–49附图）

（3）起腰身子直，右手背额上；左手往前推，顺时画立圆；重心压右踵，坐胯头上顶；左足向前迈，左膝垂左踵。（图1–50）

图1–49

图1–49附图

图1–50

（4）扣左足转实，右足右转虚；右转180°，手足左右换；左手背额上，右手向前推。（图1–51）

（5）右足往后撤，停在左足后；同时两手伸，掌如揪虎尾。（图1–52）

（6）重心压右踵，握拳小腹前；左足也回撤，撤至右足前；左足跟踮起，足距约一拳。（图1–53）

图1–51

图1–52

图1–53

（7）两拳钻拧伸，左拳右腕后；拳高与眼平，左足斜垫步；身压左足踵，抽胯足跟沉。（图1–54）

（8）右足过步前，足尖踮着立；两拳心向上，撤到两胯前。（图1–55）

（9）变掌往前推，左手推右手；手心斜相对，右足同时进；左足随即跟，挤手前臂推；起落有一静，纳新吐废浊。（图1–56）

图1–54

图1–55

图1–56

（10）重心再移左，右足迈且蹬；手臂向右转，捋挤与颈平；缩臂勿自缚，立掌在胸前；左手助右手，掌距胸一拳。（图1–57）

（11）右足尖落地，随即重心移；左足随即跟，足掌踮着立；双手塌腕推，伸臂有屈度；呼吸内共振，捋挤有节奏；足须真单重，足掌换足跟；吸气手张顶，呼气到足跟；两手亲兄弟，前后相呼应；起落有一静，修复和充能。（图1–58）

图1–57

图1–58

34. 开手　35. 合手

左转90°；开合在肩胛，增加呼吸量；顶肘破彼抱，拿手外缠绕；开不过肩井，合不过脸颊；高不过嘴角，低不过两腋；手心正相对，肘角须垂直；两手如抱球，抓牢勿松掉；眼看食指前，观察彼出手。（图1–59、图1–60）

图1–59

图1–60

36. 单鞭

左足左横迈，双重有特例，足距二尺多；右腿近似直，左膝压左踵；两手与肩平，两掌向外撑；两臂大弧弦，虎口与肩平；起落有一静，如心不应期。（图1–61）

图1–61

37. 云手

左足并右足；以身胯云手，如捋晒衣杆；左右摇身体，手掌向外捋；上弦低于眼，下弦与脐平；两足横移步，三步当为宜；起落有一静，如心不应期。（图1–62、图1–63）

图1–62

图1–63

38. 高探马

两手向前摸，左后右前伸；如手抱顽童，小心爱抚幼；左足向后退，右足再后撤；右足跟踮起，重心压左踵；两足距一脚，双手距一尺；两手平心脏，目视手前方；运用一呼吸，完成此动作；右足尖左扣，左转90°；两足扣八字，重心压左踵；双手胸前抱，右上左在下；两手平抱球，双手翻立掌；左转45°，目视手前方。（图1-64～图1-66）

图1-64

图1-65

图1-66

39. 右起脚

两手左右开，形如单鞭式；虎口平于肩，右足踢右手；踢到小手指，两手平不变；目视右前方，左腿稳如山（图1-67）

图1-67

40. 左起脚

右足回落下，手合回原处；身压右足踵，左足左踢起；虎口平于肩，踢到左小指；手足同时起，目视左前方（图1-68、图1-69）

图1-68

图1-69

41. 转身踢脚

手足归原处，左足掌点地；身体半左转，方向变直顺；两手再展开，左足抬起踢；手足应相抵，身正稳如山。（图1–70、图1–71）

图1–70

图1–71

42. 践步打捶

左转90°；左足斜横落，右足斜横进；手如“猫洗脸”，左右各一次；再迈出左足，足距约二尺；式如斜长方，右拳往左打，左膝裆内砸；拳高膝窝下，左拳胯根撑；目视左膝前，观察彼眼神。（图1–72 ~ 图1–74）

图1–72

图1–73

图1–74

第四段（43–61式）

43. 翻身二起

身体右后转；翻身拳右抡，拳背朝向下；右足横垫步，左拳左胯撑；右拳收腹前，左拳拧前钻；左足前迈步，右拳变掌拍，右足脚面弹；右足落回撤，落在左足后；足尖对左踝，足跟稍离地；右掌不撤回，左掌往前伸；掌根往外撑，小指都回抠；手距约三寸，前臂平胸骨；和化有时间，节奏有微停。（图1–75 ~ 图1–78）

图1–75

图1–76

图1–77

图1–78

44. 披身伏虎

身体左后转；左足往回撤，撤在右足后；身体右后转；右足向外拧，拧成侧八字；身子微上起，内气绵绵落；身体再右转，两手胸前抱；重心垂膝中，目视左前靶；一气有微停，补充神气能。（图1–79 ~ 图1–81）

图1–79

图1–80

图1–81

45. 左踢脚

中轴静如桩，左足即踢起；右后转半周，扫腿并于身；身腿同心转，左足合右足；身压右足踵，心静气下沉。（图1–82、图1–83）

图1–82

图1–83

46. 右蹬脚

重心转左踵，右足即起蹬；左腿静如桩，目视右手足。（图1–84）

图1–84

47. 上步搬拦捶

右转90°，右足横斜落；左仰掌前伸，右覆掌后搬；左足向前进，右足后紧跟；右立拳前伸，拳臂平于心；左握拳抽回，拳背右肘下；身压右足踵。（图1–85、图1–86）

图1–85

图1–86

48. 如封似闭

图1-87

右手往回抽，左手往前伸；右足往回退，左足往回撤；身如立船上，船行身子静；重心压右踵，左足跟抬起；两肘似靠肋，两手护心推；目视身前靶，心静气下沉。（图1-87）

49. 抱虎推山

图1-88

两掌胸前推，抓抠腕顶沉；左足极力进，右足随即跟；重心压左踵，右足踮着撑；外形有微停，内气往下沉；前臂平胸骨，目视身前靶。（图1-88）

50. 开手　51. 合手

图1-89

图1-90

左转90°；开合在肩胛，增加呼吸量；顶肘破彼抱，拿手破彼推；开不过肩井，合不过脸颊；高不过嘴角，低不过两腋；手心须相对，肘角须垂直；两手如抱球，抓牢勿松掉；眼看食指前，观察彼眼神；起落有一静，生化补耗能。（图1-89、图1-90）

52. 搂膝拗步

右转90°；右搂至胯根，左掌从嘴出；右转进右足，左足上步跟；两腕顶塌沉，两肘平胸骨；推撑如拉弓，张顶精神扬；抓抠肠胃动，生化功能增；身压右足踵，左足跟抬起。（图1–91、图1–92）

图1–91

图1–92

53. 手挥琵琶式

左足往后退，右足随着撤；右掌往前伸，左掌齐右肘；前臂与心平，静心气下沉；重心在左踵，右足掌点地；左掌对右踝，左臂垂左踵。（图1–93）

图1–93

54. 懒扎衣

两手揪虎尾，挤手向前推；左掌推右掌，手心对手心；捋挤与颈平，管控放彼倾；伸臂勿离身，缩臂勿自缚；呼吸与共振，微观有基础；足须真单重，足掌换足跟；缩在足跟沉，伸在足掌蹬；两手亲兄弟，前后相呼应；起落有一静，呼吸补消耗。（图1–94～图1–96）

图1–94

图1–95

图1–96

55. 开手　56. 合手

开合不转体，肩胛增呼吸；顶肘破彼抱，拿手破彼推；开不过肩井，合不过脸颊；高不过嘴角，低不过两腋；手心须相对，肘角须垂直；两手如抱球，抓牢勿松掉；眼看食指前，观察彼变化；起落有一静，呼吸补消耗。（图1–97、图1–98）

图1–97

图1–98

57. 斜单鞭

单鞭不转体，左足斜着迈；足距约二尺，右腿近似直；左膝垂左踵，虎口与肩平；两掌向外撑，两臂大弧弦；起落有一静，呼吸补耗能。（图1–99）

图1–99

58. 野马分鬃

左云手一圈，右云手一圈；左足右并步，随即左开步；右足左并步，随即右开步；两掌下划弧，裆前覆掌叉；左足紧跟进，两腿剪子股；式子微微落，目视身前靶；两掌上画弧，左右一圈落；胸前左推右，右足进一步；左臂压左踵，中轴勿前倾；形似懒扎衣，右云一圈回；双掌皆前推，掌根与腋平。（图1-100～图1-107）

图1-100

图1-101

图1-102

图1-103

图1-104

图1-105

图1-106

图1-107

59. 开手　60. 合手

左转90°；开合在肩胛，增加呼吸量；顶肘破彼抱，拿手破缠绕；开不过肩井，合不过脸颊；高不过嘴角，低不过两腋；手心须相对，肘角须垂直；两手如抱球，抓牢勿松掉；眼看食指前，观察彼眼神；起落有一静，生化补消耗。（图1-108、图1-109）

图1-108

图1-109

61. 单鞭

左足左横迈，足距二尺许，双重有特例；右腿近似直，左膝压左踵；两手与肩平，两掌向外撑；两臂大弧弦，虎口与肩平；起落有一静，呼吸补耗能。（图1-110）

图1-110

第五段（62-79式）

62. 右通背掌

右转90°，两足半直角；左斜右足直，左掌背靠额；右掌往前推；前臂与腋平；重心压左踵，中轴不前倾。（图1-111）

图1-111

63. 玉女穿梭

（1）左转45°，右足斜横摆；两手落胸前，左臂裹着穿；掌心对着脸，手高不过鼻；右掌推左肘，左足掌承重；两膝前后顶，目视身前靶。（图1–112）

（2）左掌翻上举，手背靠前额；左足左前迈，右足随即跟；足距约一脚，右臂靠身推；推出一拳许，掌根用力沉；右掌和左足，方向要一致；两足半直角，身压右足踵。（图1–113）

图1–112

图1–113

（3）右转180°，左足极力扣；右足后跟抬，左手裹肘落；右臂裹着穿，手掌心向脸；高不过鼻尖，左掌推右肘。（图1–114）

（4）右转90°；右掌翻到额，右肘与耳平；右足右前进，左足随即跟；足距一拳许，重心压左踵；左前臂平心，左掌右前推；左掌和右足，方向要一致。（图1–115）

图1–114

图1–115

（5）左转90°；右足左前迈，足尖向右掰；式与第（1）同，只有方向变。（图1–116）

（6）左掌贴额头，右臂平心推；左足左前迈，右足随即跟；足距约一脚，两脚半八字；掌根左前推，式与第（2）同。（图1–117）

（7）左足极力扣，右转225°；两手胸前抱，两足扣八字。（图1–118）

（8）右足进大步，方向与式顺；右掌贴前额，左掌用力推；手足上下对，左肘要离肋；足距约一脚，目视身前靶。（图1–119）

图1–116

图1–117

图1–118

图1–119

64. 手挥琵琶式

右掌往前伸，左掌齐右肘；重心压左踵，右足掌点地；足距约半脚，左臀垂左踵。（图1–120）

图1–120

65. 懒扎衣

两掌如运球，抓牢勿松掉；捋挤与颈平，与彼搭手绕；两掌同捋挤，缩臂勿自缚；怀内夹皮球，裹抱向前顶；单重左右换，足掌换足跟；起在足掌蹬，缩在足跟撑；两手亲兄弟，拧成一股绳；起落有一静，呼吸补消耗。（图1–121、图1–122）

图1–121

图1–122

66. 开手　67. 合手

左转90°；开合在肩胛，增加呼吸量；顶肘破彼抱，拿手破缠绕；开不过肩井，合不过脸颊；高不过嘴角，低不过两腋；手心须相对，肘角须垂直；两手如抱球，抓牢勿松掉；眼看手前靶，观察彼眼神；起落有一静，呼吸补消耗。（图1–123、图1–124）

图1–123

图1–124

68. 单鞭

左足左横迈，足距二尺许；两掌要平嘴；右腿近似直，左膝压左踵；两肘左右顶，掌根左右撑；起落有一静，呼吸补消耗。（图1–125）

图1–125

69. 云手

左足并右足；以身胯云手，如捋晒衣杆；左右摇身体，手掌向外捋；上弧低于眼，下弧与脐平；两足横移步，两步当为宜；起落有一静，如心不应期。（图1–126、图1–127）

图1–126

图1–127

70. 云手下势

右手云到左，左转90°；左掌往前推，腕肘平心口；右掌胯根按，右臀垂右踵；左足向前迈，左膝垂左踵；目视前靶标，心静体虚灵。（图1–128）

图1–128

71. 更鸡独立

左掌往下抻，右膝往上抬；右足掌上扬，足跟往下蹬；左掌指下插，右掌往上挑；左踝正受力，右膝抬平胯；目视前靶标，心静体虚灵；右掌往下抻，左膝往上顶；左足脚掌扬，足跟往下蹬；右掌指下插，左掌往上挑；右踝正受力，左膝抬平胯；目视前靶标，心静体虚灵。（图1–129、图1–130）

图1–129

图1–130

72. 倒撵猴

左转90°；左足左后撤，右足右跟步；足似平行步，前后差半脚；右掌从嘴出，向左推彼心；左手往左搂，搂至左胯根；右足向左跟，足尖踮着地，足跟往下蹬；左手按住劲，左肘往外撑；右转180°；左足尖里扣，两足扣八字；右掌往右搂，搂至右胯根；身子右后转，右足右进步，左足随即跟；足似平行步，前后差半脚；左掌从嘴出，向右推彼心；踮起左足跟，右臀垂右踵。（图1–131、图1–132）

图1–131

图1–132

73. 手挥琵琶式

左足向后退，右足向后撤；两手与心平，左手齐右肘；重心压左踵，右足掌点地；左臂垂左踵，足距约半脚。（图1-133）

图1-133

74. 白鹤亮翅

右掌背靠额，左掌胸前推；右足进一尺，足掌极力扬；右肘往前顶，左肘向前撑；右掌往下落，左掌与右齐；双掌往前推，推倒挡路人；目视彼双眸，观察彼动静；起落有一静，呼吸再补充。（图1-134 ~ 图1-136）

图1-134

图1-135

图1-136

75. 开手　76. 合手

开合在肩胛，增加呼吸量；顶肘破彼抱，拿手破缠绕；开不过肩井，合不过脸颊；高不过嘴角，低不过两腋；手心须相对，肘角须垂直；两手如抱球，抓牢勿松掉；眼看食指前，寻觅彼变化。起落有一静，呼吸再补充。（图1–137、图1–138）

图1–137

图1–138

77. 搂膝拗步

左转90°；左足右顺脸，左转进大步；右足随即跟，踮脚踏足跟；两掌顶塌腕，推撑如拉弓；右掌从嘴出，左掌按胯根；张顶精神扬，抓抠肠胃动；重心压左踵，右足踮脚跟。（图1–139、图1–140）

图1–139

图1–140

78. 手挥琵琶式

右足向后撤，左掌向前伸；右掌齐左肘，重心压右踵；左足掌点地，足距不过尺；起落有一静，生化补消耗。（图1–141）

图1–141

79. 三通背

（1）双手斜相对，左搂右掌穿；右手仰掌举，至头顶翻掌；左手覆掌搂，搂至左胯旁；重心压右踵，坐胯沉脚跟；沉肩头顶劲，犹如做牵引；脊柱能拉抻，提肛深呼吸。（图1–142）

（2）右手齐头顶，覆掌往下按；按过两腿中，离地约七寸；左手护左胯，手指意插地；左足向后撤，撤至右足前；左足跟离地，体重右足担；两腿微弯曲，目视右手前。（图1–143）

（3）起腰身子直，右手背额上；左手往前推，顺时画立圆；重心压右踵，坐胯头上顶；左足向前迈，左膝垂左踵。（图1–144）

（4）右转180°，扣左足转实；右足右转虚，左手背额上；右手向前推，手足左右换。（图1–145）

图1–142

图1–143

图1–144

图1–145

（5）右足往后撤，停在左足后；同时两手伸，掌如揪虎尾。（图1–146）

（6）重心压右踵，握拳小腹前；左足也回撤，撤至右足前；左足跟抬起，足距约一拳。（图1–147）

（7）两拳钻拧伸，左拳右腕后；拳高与眼平，左足斜垫步；身压左足踵，抽胯足跟沉。（图1–148）

图1–146

图1–147

图1–148

（8）右足过步前，足尖踮着地；两拳心向上，撤到两胯前。（图1–149）

（9）变掌往前推，左手推右手；手心斜相对，右足同时进；左足随即跟，挤手前臂推；起落有一静，纳新吐废浊。（图1–150）

（10）重心再移左，右足迈且蹬；手臂向右转，捋挤与颈平；缩臂勿自缚，立掌在胸前；左手助右手，掌距胸一拳。（图1–151）

图1–149

图1–150

图1–151

（11）右足尖落地，随即重心移，左足随即跟，足掌踮着立；双手塌腕推，伸臂有屈度；呼吸内共振，捋挤有节奏；足须真单重，足掌换足跟；吸气手张顶，呼气到足跟；两手亲兄弟，前后相呼应；起落有一静，修复和充能。（图1–152）

图1–152

第六段（80–98式）

80. 开手　81. 合手

左转90°；开合在肩胛，增加呼吸量；顶肘破彼抱，拿手破缠绕；开不过肩井，合不过脸颊；高不过嘴角，低不过两腋；手心须相对，肘角须垂直；两手如抱球，抓牢勿松掉；眼看食指前，观察彼眼神；起落有一静，呼吸补耗能。（图1–153、图1–154）

图1–153

图1–154

82. 单鞭

左足左横迈，足距二尺许；右腿近似直，左膝压左踵；两肘左右顶，掌根左右撑，虎口与肩平；起落有一静，呼吸补耗能。（图1–155）

图1–155

83. 云手

左足并右足；以身胯云手，如捋晒衣杆；左右摇身体，手掌向外捋；上弧与眼平，下弧与脐平；两足横移步，三步当为宜；起落有一静，如心不应期。（图1–156、图1–157）

图1–156

图1–157

84. 高探马

两手向前摸，左后右前伸；如手抱顽童，小心爱抚幼；左足向后退，右足再后撤；右足跟轻抬，重心压左踵；两足距一脚，双手距一尺；两手平心脏，目视手前方；运用一呼吸，完成此动作；右足右摆步，两足侧八字；双手胸前抱，右上左在下；两手平抱球，重心压左踵；身体右后转，左足扣八字；双手翻转掌，左上右在下；重心压左踵，目视手前方。（图1–158、图1–159）

图1–158

图1–159

85. 十字摆莲

左转90°；双手转立掌，右足跟拧顺；双臂掌前伸，左腕压右腕，掌心都向下；右足踢左手，左掌拍脚面；落地足右摆；两臂如单鞭，掌根向外撑；重心压左踵，目视前方靶。（图1-160 ~ 图1-163）

图1-160

图1-161

图1-162

图1-163

86. 进步指裆捶

左足上步进，脚尖向外摆；双手向下合，胯前覆交叉；两步或四步，自己随势调；右足径直进，左足随即跟；右拳裆前击，左掌扣右腕；两足半直角，左足靠右踝；后臀坐着进，重心压右踵；形容树上鸟，束翅斜落地；目视裆前靶，静心气下沉。（图1-164、图1-165）

图1-164

图1-165

87. 退步懒扎衣

左足后撤步，重心压左踵；捋挤与颈平，与彼搭手绕；伸臂勿离手，缩臂勿自缚；形正有智能，捋挤有节奏；单重左右换，足掌换足跟；缩臂足掌扬，伸臂足掌蹬；两手亲兄弟，前后相呼应；起落有一静，呼吸补耗能。（图1–166、图1–167）

图1–166

图1–167

88. 开手　89. 合手

左转90°，规矩前已述；开合在肩胛，增加呼吸量；顶肘破彼抱，拿手破缠绕；开不过肩井，合不过脸颊；高不过嘴角，低不过两腋；手心须相对，肘角须垂直；两手如抱球，抓牢勿松掉；眼看食指前，观察彼神变；起落有一静，如心不应期。（图1–168、图1–169）

图1–168

图1–169

90. 单鞭

左足左横迈，足距二尺许；右腿近似直，左膝压左踵；两臂大弧弦，两肘左右顶；掌根左右撑，虎口与肩平；起落有一静，呼吸补耗能。（图1–170）

图1–170

91. 单鞭下势

左转90°，臀胯往下坐；右掌胯根按，左掌向前顶；左膝垂左踵，右臀垂右踵；左肘往前顶，右肘往右撑；掌根足跟沉，目视身前靶；起落有一静，呼吸补耗能。（图1–171）

图1–171

92. 上步七星

左足前垫步，右足随后跟；双掌在胸前，立掌相交叉；左里右掌外；心诚万事顺，恰似敬如来；两足半直角，左臀垂左踵；胸腹如静室，气血任自由；掌根足跟沉，目视身前靶；起落有一静，呼吸补耗能。（图1–172）

图1–172

93. 下步跨虎

两手往下搂，搂至左右胯；右足右撤步，重心压右踵；右掌提眼前，翻掌心下按；同时左腿提，起至大腿平；足尖向上翘，足跟向下蹬；左掌左胯按，右掌按左膝；起落有一静，呼吸补耗能。（图1–173、图1–173附图）

图1–173

图1–173附图

94. 转角摆莲

身向右后转，右足抬足跟；左手扣右手，手心都向下；右足掌为轴，左足极力扣；扣在右足旁，两足扣八字；右转270°；重心压左踵，右腿右摆起；双掌拍脚面，左先右后拍；连续响两声，双掌落胸前；掌心都向下，落步斜长方；重心压右踵，目视身前靶。（图1–174、图1–174附图、图1–175、图1–175附图）

图1–174

图1–174附图

图1–175

图1–175附图

95. 弯弓射虎

两掌抱球起，颈下翻掌按；向右斜角伸，左前右手后；双臂曲求直，手足指张顶；右腿膝弓步，左腿曲求直；身体如皮球，求其虚灵存；目视左前靶，呼吸补耗能。（图1–176、图1–176附图）

图1–176

图1–176附图

96. 双撞捶

左足往回收，收到右足前；足尖踮着立，挨着右足踝；双掌握上拳，拳背都朝上，收回到胸前；左足极力进，进步撞双拳；右足随即跟，两足半八字；左足踮着立，重心压右踵；两拳拳眼对，拳高与肩平；顶头身中正，式子有微停；起落有一静，呼吸补耗能。（图1–177、图1–177附图、图1–178、图1–178附图）

图1–177

图1–177附图

图1–178

图1–178附图

97. 阴阳混一

左足右后扣，两足扣八字；身体向右转，方向起式同；两拳心向上，双臂靠着肋；右足随即撤，重心右后坐；左足略前迈，左膝垂左踵；足尖向上翘，两拳裹向胸；两肘向前撑，左拳向里挽；右腕下面钻，再往上翻转；手腕十字形，左外右里撑；高与颧骨平，目视拳前靶；谷道向上提，掌根足跟沉；起落有一静，呼吸补耗能；意注入丹田，元阳收气海。（图1-179、图1-180）

图1-179

图1-180

98. 无极还原

两手往下放，双拳变双掌；放至两胯旁，手落身子起；左足往回撤，两足成直角；重心自然落，位置归起点；式前需调整，心空游上天；静如进山谷，目视无所感；心神得安然，身内空洞洞；还原无极停，静默三呼吸。（图1-181）

图1-181

（动作演示：马凤山）

第二篇　38式太极拳

孙氏太极拳，原创98式；最佳简化版，一式不能丢，一手也不重；三为天地人，八为时位全；三八（38）即太极，形动可称拳；大道拳至简，天理拳易练；时长三分半，适合参赛限；八法没有腿，实在是遗憾；两遍简化拳，时长7分钟；起腿20次，强度增一倍；拳得简而成，本能谓懂劲；肌肉三百六，不以偏概全。

一、纲要

健体强国基，中和养正气；太极练管控，八法即捋挤；采挒和捋手，本来都是捋；掤按和肘靠，实际也是挤；进跟退撤步，我顺当优先；与时联科技，领会深一级；万物生于有（精），无即先天立；先天本基因，后天能成全；先后缺其一，功夫犹不及！

形正手张顶，气和神气隆；时位求精准，太极似皮球；遇力滚而动，重心不变更；武学在乎手，万化生乎心；意轻力道中，中和是拳经；武学不忘初，牢记拜师言！掌从嘴角出，拳从心尖出；后臀垂后踵，前膝垂前踵；力不出前足，身不出后足；先后天合一，有见能即兴；频率如心肺，耐力有保证。

二、目录

16. 左右起脚
17. 左转蹬脚
18. 践步打捶
19. 翻身二起脚
20. 披身伏虎
21. 踢脚转身
22. 右蹬脚
23. 进步搬拦捶
24. 如封似闭
25. 抱虎推山
26. 金鸡下势
27. 金鸡独立
28. 倒撵猴（左右）
29. 高探马
30. 十字摆莲
31. 进步指裆捶
32. 转身下势
33. 上步七星
34. 退步跨虎
35. 转角摆莲
36. 弯弓射虎
37. 双撞捶
38. 无极还原

三、分段学练

第一段（1-11式）

1. 无极太极式

（1）无极式：面向正前方，身体立中正；两足成直角，双手自然垂；空如游上天，目视无所景；静如进山谷，耳闻无所声；静立最佳时，默念三呼吸。（图2-1）

（2）太极式：身足向左转，重心压左踵；右足尖左拧，四十五度（45°）角；虚无有时位，灵妙须轻身；观察横竖线，校正身手中；目视无所感，耳听无所声。（图2-2）

图2-1

图2-2

2. 懒扎衣

（1）手起身要落，两手如抱球；重心压左踵，双手与肩平；效天地顺逆，一动皆天理。（图2–3）

（2）手回两胯侧，画弧胯前出；手落身要长，重心移右踵；左足斜前迈，足翘后跟蹬。（图2–4）

（3）重心移左足，随即右足跟；同时伸双臂，两手如抱球；肘坠肩要沉，目视身前靶。（图2–5）

图2–3

图2–4

图2–5

（4）重心移右足，左足扣向右，右转135°；捋挤与颈平，缩臂勿自缚。（图2–6）

（5）重心再移左，右足迈且蹬；手臂向右转，立掌在胸前；左手助右手，掌距胸一拳。（图2–7）

图2–6

图2–7

（6）右足尖落地，随即重心移，左足随即跟，足尖踮着立；双手塌腕推，伸臂有屈度；呼吸内共振，捋挤有节奏；足须真单重，足掌换足跟；吸气手张顶，呼气到足跟；两手亲兄弟，前后相呼应；起落有一静，修复和充能（时间允许的话，可练右转懒扎衣三手，再左转懒扎衣三手）。（图2–8）

图2–8

3. 开合手

（1）开手：左转90°，重心压左踵；右足跟为轴，同时转足尖；边转双手开，开不过肩井。（图2–9）

（2）合手：重心压右踵，左足跟抬起；同时双手合，合不过脸颊；双足虚实变，实足胯要沉。

开合在肩胛，增加呼吸量；顶肘破彼抱，拿手破缠绕；手指俱分开，十指都向上；高不过嘴角，低不过两腋；两手如抱球，肘角须垂直；眼看身前靶，观察彼眼神；起落有一静，吐浊补新能。（图2–10）

图2–9

图2–10

4. 单鞭

左足左横迈，左重右轻撑，此式为双重；左膝压左踵，足距二尺多；右腿近似直，斜撑调平衡；虎口与肩平，两掌向外撑；两臂大弧弦，视右食指梢；起落有一静，纳新吐废浊。（图2–11）

图2–11

5. 提手上式

右足向左并，手指要张顶；额前左手背，裆前右手垂；右掌心向右，右足尖点地；重心压左踵，左肘向外撑；手腕挺住劲，亮相不显停。（图2–12）

图2–12

6. 白鹤亮翅

（1）两手上下换，额前右掌背；左掌胸前推，右肘往前顶；左肘向前撑，重心压左踵；右足向前进，中轴勿前倾；足尖往上扬，足跟向下蹬；目视身前靶，观察彼动静。（图2–13）

图2–13

（2）右手坠肘落，左手向上提；掌指都向上，掌心都向前；拇指离寸许，双手心口齐。（图2–14）

（3）右足尖落地，左足随即跟；跟至右足后，足尖踮着立；双手向前推，拇指离寸许；重心压右踵，目视两手中。（图2–15）

图2–14

图2–15

7. 搂膝拗步

（1）肘带双手回，手心斜相对；左手左下搂，搂至左胯处；右手右边开，拇指与肩平；左转90°；左足向左迈，足跟先着地；足尖向上翘，重心不前移；目视左前方，观察彼动静。（图2–16）

（2）左掌胯根撑，右手嘴角推；前臂平于地，坠肘掌腕塌；双手张顶含，左足尖落地；右足随即跟，身压左足踵；右足跟微抬，一气如拉弓；张顶精神扬，抓抠丹田存。（图2–17）

图2–16

图2–17

8. 手挥琵琶式

左手拧腕伸，右手拧腕回；两手与心平，拇指都向上，手心斜相对；右手齐左肘，离肘一拳许；左足掌踮起，足距不过尺；右臂垂右踵，顶缩沉足跟。（图2–18）

图2–18

9. 三通背

（1）双手斜相对，左搂右掌穿；右手仰掌举，至头顶翻掌；左手覆掌搂，搂至左胯处；重心压右踵，坐胯沉足跟；沉肩头顶劲，犹如做牵引；脊柱能拉抻，提肛深呼吸。（图2–19）

（2）右手齐头顶，覆掌往下按；按过两腿中，离地约七寸；左手护左胯，手指意插地；左足向后撤，撤至右足前；左足跟离地，体重右足担；两腿微弯曲，目视右手前。（图2–20、图2–20附图）

（3）起腰身子直，右手背额前；左手往前推，顺时画立圆；重心压右踵，坐胯头上顶；左足向前迈，左膝垂左踵。（图2–21）

图2–19

图2–20

图2–20附图

图2–21

（4）右转180°，扣左足转实；右足右转虚，左手背额前；右手向前推，手足左右换。（图2–22）

（5）右足往后撤，停在左足后；同时两手伸，掌如揪虎尾。（图2–23）

（6）重心压右踵，握拳小腹前；左足也回撤，撤至右足前；左足踮着立，足距约一拳。（图2–24）

图2–22

图2–23

图2–24

（7）两拳钻拧伸，左拳右腕后；拳高与眼平，左足斜垫步；身压左足踵，抽胯足跟沉。（图2–25）

（8）右足过步前，足尖踮着立；两拳心向上，撤到两胯前。（图2–26）

（9）变掌往前推，左手推右手；手心斜相对，挤手前臂推；右足同时进，左足随即跟；起落有一静，纳新吐废浊。（图2–27）

图2–25

图2–26

图2–27

10. 斜单鞭

展臂不转体，面向斜方向；左足斜着迈，足距约二尺；右腿近似直，左膝垂左踵；虎口与肩平，两掌向外撑；两臂大弧弦，两足斜长方；起落有一静，纳新吐废浊。（图2–28）

图2–28

11. 野马分鬃

（1）右手掌不动，左手画下弧；画至右肩腋，左足右并步。（图2–29）

（2）随即左开步，左手左平推；指尖平于嘴，右手画下弧；画至左肩腋，掌心均向外；重心压左踵，右足左并步。（图2–30）

图2–29

图2–30

（3）随即右开步，右掌右画弧；双臂如单鞭，重心压左踵。（图2–31）

图2–31

（4）两掌下画弧，裆前覆掌叉；左上右在下，左足横着进；两腿剪子股，式子有微落；目视身前靶，两掌上画弧；左右各一圈，胸前左推右。（图2-32）

（5）两掌上画弧，头前左右推。（图2-33）

图2-32

图2-33

第二段（12-25式）

12. 右通背掌

两手腹前交，左覆右抑掌；右足进一步，左臂压左踵；中轴勿前倾，两足半直角；左斜右足直，左掌靠额头；右掌往前推；前臂与腋平。（图2-34）

图2-34

13. 玉女穿梭

（1）左转45°，右足斜横摆；两手落胸前，左臂裹着穿；掌心对着脸，手高不过鼻；右掌推左肘，左足掌承重；两膝前后顶，目视身前靶。（图2–35）

（2）左掌翻上举，手背靠额前；左足左前迈，右足随即跟；足距约一脚，右臂靠身推；推出一拳许，掌根用力沉；右掌和左足，方向要一致；两足半直角，身压右足踵。（图2–36）

图2–35

图2–36

（3）右转180°，左足极力扣；右足跟轻抬，左手裹肘落；右臂裹着穿，手掌心向脸；高不过鼻尖，左掌推右肘。（图2–37）

（4）右掌翻到额，右肘与耳平；右转90°；右足右前进，左足随即跟；足距一拳许，左前臂平心；左掌右前推，重心压左踵；左掌和右足，方向要一致。（图2–38）

图2–37

图2–38

（5）左转90°；右足左前迈，足尖向右掰；式与第（1）同，只有方向变。（图2–39）

（6）左掌贴额前，右臂平心推；左足左前迈，右足随即跟；足距约一脚，两足半直角；掌根左前推，式与第（2）同。（图2–40）

图2–39

图2–40

（7）左足极力扣，右转225°；两手胸前抱，两足扣八字。（图2–41）

（8）右足进大步，方向与式顺；右掌贴额前，左掌用力推；手足上下对，左肘要离肋；足距约一脚，目视身前靶。（图2–42）

图2–41

图2–42

14. 云手

（1）重心压右踵，左转90°；右手向右推，虎口与肩平；手推左足移。（图2–43）

（2）以身胯云手，重心移左足；左推右足并；左右摇身体，手不可自动；手掌向外捋，上手不过眼；下手与脐平，左手坠肘推，右手不出肩。（图2–44）

（3）右推右足实，坐胯身中正；极力迈左足，重心不迁移。（图2–45）

（4）左推为定式，右足跟抬起；左实则右虚，三步当为宜；脊椎横拉练，肩胯筋骨开；进退求虚实，张弛随身变；起落有一静，无感心得安。（图2–46）

图2–43

图2–44

图2–45

图2–46

15. 肘下看捶

（1）左转90°，左掌径直穿；右捶左拧钻，拳眼藏肘下；右臂平于心，身压右足踵；左足前进步，两足距一脚。（图2–47）

（2）左掌变成拳，右肘下面钻；右拳变成掌，右掌径直穿；身压左足踵，右足前进步；两足扣八字，左转45°。（图2–48）

图2–47

图2–48

16. 左右起脚

（1）右起脚：左足合右足，重心移左踵；两掌如合手，两掌心前抱（图2–49）。两手左右开，形如单鞭式；虎口平于肩，右足踢右手；踢到小手指，两手平不变；目视右前方，左腿稳如山（图2–50）。

（2）左起脚：右足回落下，手合回原处（图2–51）。身压右足踵，左足左踢起；虎口平于肩，踢到左小指；目视左前方，手足同起落；左足回落地，手合归原处（图2–52）。

图2–49

图2–50

图2–51

图2–52

17. 左转蹬脚

（1）左转45°，方向变直顺；两掌如合手，两掌心前抱。（图2–53）

（2）两手再平开，左足左蹬踹；足踢手不落，手足应相交；目视左前靶，右腿稳如山。（图2–54）

图2–53

图2–54

18. 践步打捶

（1）左足外摆落，右手如拍脸；左手搂膝胯，重心压右踵。（图2–55）

（2）重心移左踵，右足横着进；左手如拍脸，右手搂膝胯。（图2–56）

（3）左右各一遍，再迈出左足；足距半米余，双足斜长方；右拳左前砸；拳高膝窝下，左拳胯根撑，身压左足踵；目视身前靶，观察彼眼神。（图2–57）

图2–55

图2–56

图2–57

19. 翻身二起脚

（1）重心移右足，左足尖内扣；右翻身180°；左拳同时起，左脸搂至胯；重心再移左，翻身右拳抡；拳背砸头颈，右足右垫步。（图2–58）

（2）左拳心口出，右拳上面钻；拳高不过眼，右拳抽至腹；身压右足踵，左足直着迈。（图2–59）

图2–58

图2–59

（3）右拳变右掌，右足脚面弹；右掌拍脚面，左拳变掌按。（图2-60）

（4）右足落回撤，落在左足后；足跟稍离地，右掌不撤回；左掌往后抻，手心斜相对；小指都扎地，大指都向天；手距约三寸，前臂平胸骨。（图2-61）

图2-60

图2-61

20. 披身伏虎

（1）左足极力撤，撤在右足后；身体左后转；右足向左扣，双手捋至左；重心压右踵，双手握上拳。（图2-62）

（2）左足向右扣，右转90°；右足尖外摆，双拳拽腹前。（图2-63）

（3）双足丁字步，右横左足竖；两腿剪子股，左膝顶右膝；双拳变掌起，形如合手式；左足足跟抬，重心双膝中；再转90°，身体转向正，目视左前方。（图2-64）

图2-62

图2-63

图2-64

21. 踢脚转身

（1）重心移右足，中轴静如桩；手展如单鞭，左足踢左手；目视左前方，顶头右足沉。（图2-65）

（2）左足不落地，速将腿屈回；右后转半周，扫腿并右腿；身压左足踵，双手合于胸；目视身前靶，观察彼眼神。（图3-66）

图2-65

图2-66

22. 右蹬脚

双手单鞭展，右足即起蹬；重心压左踵，蹬踹令彼倾；目视身前靶，观察彼眼神。（图2-67）

图2-67

23. 进步搬拦捶

（1）右足斜横落，落地足跟蹬；左仰掌前伸，肩送肘下坠；右覆掌后搬，搬到左肘停。（图2-68）

（2）重心移右踵，左足斜横进；右仰掌前伸，左掌左后搬；搬到右肘停，两足侧八字。（图2-69）

图2-68

图2-69

（3）重心移左踵，右足斜横进；左仰掌前伸，肩送肘下坠；右覆掌后搬，搬到左肘停。（图2-70）

图2-70

（4）左足直前进，重心移左踵；右足斜横跟，踮起后足跟；双手都握拳，右拳眼向上；坠肘向前伸，左拳背向上；右肘下边藏，拳肘与心平；中轴勿前倾，目视身前靶。（图2-71）

图2-71

24. 如封似闭

右手往回抽，左手往前伸；右足往回退，左足往回撤；双拳都变掌，塌腕掌向前；身如立船上，船行身子静；重心压右踵，左足踮着停；目视前方势，两手护心封。（图2-72）

图2-72

25. 抱虎推山

两手胸前推，抓抠腕顶沉；左足极力进，右足随即跟；重心压左踵，右足踮着撑；一动有一静，内气往下沉；前臂平胸骨，目视手前靶。（图2-73）

图2-73

第三段（26–38式）

26.金鸡下势

右臂垂右踵，抽胯足跟沉；左足向前进，左膝垂左踵；左手覆掌伸，右掌胯根按；目视前靶标，神静内虚灵。（图2–74）

图2–74

27. 金鸡独立

（1）重心先移左，右肘膝同起；右足掌上扬，足跟往下蹬；左掌抽至胯，掌指往下抻；右掌心向脸，指尖平头顶；左踝正受力，右膝胯抬平；目视前靶标，神静内虚灵。（图2–75）

（2）右足右前蹬，落地重心移；右掌随腿落，掌指往下抻；左肘膝同起；左足掌上扬，足跟向下蹬；左掌心向脸，指尖平头顶；右踝正受力，左膝胯抬平；目视前靶标，神静内虚灵。（图2–76）

图2–75

图2–76

28. 倒撵猴（左右）

（1）左转90°；左足左后进，右足左进跟；足掌踮着撑，足距约半脚；右掌从嘴出，向左推彼心；左手向左搂，胯根按住劲；左肘往外撑，左臂垂左踵。（图2–77）

图2–77

（2）重心先移右，胯转左足扣；两足扣八字，重心再移左；右掌往右搂，搂至右胯根；右转180°，右足右后进；左掌从嘴出，向右推彼心；左足随即跟，足掌踮着地；右臂垂右踵，神静内虚灵。（图2-78）

图2-78

29. 高探马

（1）右手推左手，两手画弧托；左后右前伸，如手抱顽童；左足向后退，右足随后撤；右足跟抬起，重心压左踵；两足距一脚，双手距一尺；两手平心脏，目视手前方；运用一呼吸，完成此动作。（图2-79）

（2）右足右摆步，两足侧八字；双手胸前抱，右上左在下；两手平抱球，重心压左踵。（图2-80）

（3）右转90°，左足扣八字；双手翻转掌，左上右在下；重心压左踵，目视手前方。（图2-81）

图2-79

图2-80

图2-81

30. 十字摆莲

（1）重心移右踵，右足掌踮地；左腕压右腕，胸前正交叉；掌心斜下按，目视前方靶。（图2-82）

（2）右足绷脚面，左掌拍右脚。（图2-83）

（3）左踢向右摆，落地斜长方；立掌开平肩，掌根向外撑；重心压左踵，身势欲飞腾。（图2-84）

图2-82

图2-83

图2-84

31. 进步指裆捶

（1）重心移右足，左足摆前进；双掌下按落，式如鸟抿翅；两步或四步，位置决定调。（图2-85）

（2）重心移左足，右足向前进；右手掌变拳，立拳斜前击；左掌扣右腕；左足随跟进，两足距半脚；后臀坐着进，重心压右踵；左足脚跟起，目视拳前靶。（图2-86）

图2-85

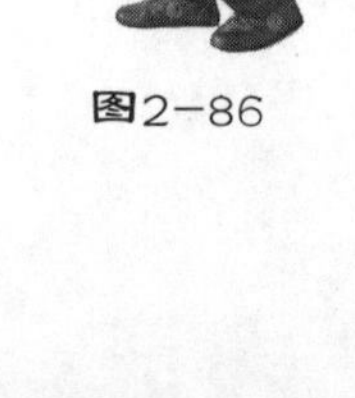
图2-86

32. 转身下势

双足重心换，左转180°；右足尖左扣，右臀垂右踵；右拳变成掌，回臂胯根按；左掌回臂劈，塌腕掌前立；转后左足进，两足半八字；左膝垂左踵，左肘坠前顶；右肘坠右撑，双手张顶含。（图2-87）

图2-87

33. 上步七星

左足前垫步，右足随即跟；右足掌撑地，左臀垂左踵；右掌向前伸，伸到左掌前；双手敬如来，肘坠胸腹静；目视身前靶，观察彼眼神。（图2-88）

图2-88

34. 退步跨虎

两手往下搂，搂至左右胯；右腿右撤步，重心压右踵；右掌提眼前，翻掌心下按；屈左腿抬起，抬至大腿平；足尖向上翘，足跟向下蹬；左掌左胯按，右掌按左膝；起落有一静，呼吸补耗能。（图2-89）

图2-89

35. 转角摆莲

（1）右转270°，右足抬足跟；左手扣右手，手心都向下；右足掌为轴，左足极力扣；扣在右足旁；两足扣八字；重心压左踵，右腿右摆起；双掌拍脚面，左右响两声。（图2-90、图2-90附图）

（2）落步斜长方，右膝向前弓；左腿曲非直，重心压右踵；双掌落胸前，掌心都向下；重心压右踵，目视身前靶。（图2-91、图2-91附图）

图2-90

图2-90附图

图2-91

图2-91附图

36. 弯弓射虎

两掌抱球起，颈下翻掌按；向右斜角伸，左前右手后；双臂曲求直，手足指张顶；右腿膝弓步，左腿曲求直；身体如皮球，求其虚灵存；目视左前靶，呼吸补耗能。（图2-92、图2-92附图）

图2-92

图2-92附图

37. 双撞捶

（1）左足往回收，收到右足前；足尖占着位，挨着右足踝；双掌握上拳，双拳心向下，收回到胸前。（图2–93、图2–93附图）

（2）左足极力进，右足随即跟；两足距半脚，重心压右踵；双拳往左击，拳高与肩平；身形中且正，式子有微停；目视身前靶，观察彼眼神。（图2–94、图2–94附图）

图2–93

图2–93附图

图2–94

图2–94附图

38. 无极还原

（1）转胯右后转，左足向里扣；重心移左足，右足尖外摆；同时双臂转，拳心裹向上。（图2–95）

（2）右足随即撤，重心右后坐；左足脚掌扬，左膝垂左踵；左拳向里裹，向下向外翻；再往上翻转，左外右里撑；高与锁骨平，拳心都向外；重心压右踵，两肘向前撑；两肩及两胯，胸腔与腹内；均宜要松开，头要虚灵顶；意注深呼吸，谷道要上提；目视身前靶，侦查彼眼神。（图2–96）

图2–95

图2–96

（3）两拳变掌放，收至两腿旁；左足往回撤，手落身体起；两足成直角，双重自然立；位置归起点，回游生身地；心空游上天，目视无所景；静如进山谷，耳听无所声；身内空洞洞，无极还原停。（图2–97）

图2–97

（动作演示：马凤山）

第三篇　捋挤推手

推手有八法，本质是“捋挤”；“捋挤练推手”，活步懒扎衣；开始应顺步，右手足在前；捋手撤到胯，暗藏拿手技；挤手挤到心，跨步到彼侧；逮手在肩上，重复捋和挤；捋当撤右步，挤应插右步；侧身跨左步，擒住彼右手；手肘不能丢，接手须紧密；赢人不用意，增大幅度奇；二人合一人，顺时（针）捋三手。

左手擒左手，捋左撤左步；挤手插左步，侧身跨右步，擒住彼左手；逆时（针）捋三手，手肘不能丢。

捋手走三步，大捋走全场；左右任意捋，定步揉三圈；正身施敬礼，结束站无极。

一、无极太极式

宁心静气立，无思无意站；时长三呼吸，静中生动意；抱拳行敬礼，捋挤从此始。（女为甲，男为乙；图3-1、图3-2）

图3-1

图3-2

二、正旋捋挤推

右足前站立，右搭手开始；捋手撤前（右）足，挤手进前（右）足；甲方捋挤跨，跨步上后（左）足；乙始挤跨捋，顺时（针）三循环。

1. 右搭手

右手搭右手，左手扶右肘（甲乙同）。（图3–3）

图3–3

2. 捋右手

甲：右手捋右手（乙），同时撤右足。

乙：左手挤右手，右步插裆进；同时跨左步，跨到甲右侧。（图3–4）

图3–4

3. 挤右手、跨左步

甲：左手挤右肘，右进插裆步（图3–5）；同时跨左步（跨到乙右侧），右手搭（乙）右手（图3–6）。

图3–5

图3–6

重复捋挤手，三遭换顺逆；进退半步好；步大有危险。

三、逆旋捋挤推

1. 捋左手

甲：左手搭左手（乙），左手捋左手（乙），同时撤左足。

乙：右手挤左肘，左步插裆进。（图3-7）

图3-7

2. 挤左手、跨右步

甲：右手挤左肘，左进插裆步（图3-8）；同时跨右足，跨到乙左侧。

乙：左手捋左手（甲），同时撤左足。（图3-9）

图3-8

图3-9

甲：左手捋左手（乙），同时撤左足。

重复左捋挤，逆转三遭变；进退半步好；步大有危险。

四、进退捋全场

1. 捋右手走

右手捋右手（乙），二人进三步。（图3-10）

2. 捋左手走

回身捋左手（乙），二人进三步。（图3-11）

图3-10

图3-11

3. 四正推手

定步揉三圈，二人抱手礼。（图3-12、图3-13）

图3-12

图3-13

4. 无极还原式

无极式收式，散步退出场。（图3–14）

图3–14

（动作演示：高洪军　孙文韬）

第四篇　八卦拳新篇

伏羲仰观天，俯察万物理；始作八卦图，演绎生成拳；近取诸身言，头乾腹为坤；足震股为巽，耳坎目为离；手艮口为兑；以四肢言之：腹为无极式，脐为太极式；两肾为两仪，四肢为四象；四肢六四（64）节，正合六四（64）卦；八卦走转穿，步法尽自然；穿撩横竖撞，简约无繁难。

一、纲要

实事应求是，八卦数码排；一二一排列，二位三爻变；循环生变化，即是八卦道！三位八变化，即为八卦拳；为修身而作，取象于数理；纯以养正气，天地自然理。

摆扣练步法，效法星球转；裹翻灵妙变，穿撩顺切线；力向圆心靶，横走竖撞连；八步为一圈，易经圆图转；八九成暗腿，时位加腿法；四德为顺逆，和化天道成；八能搬拦截，扣推脱带领；走转虽不停，发力必须静；此拳不神妙，四肢功夫成。

臀胯压后足，前膝压前踵；两膝正受力，步幅与肩齐；切忌大步量，大步易疲劳；身足对切线，目视靶圆心；里上臂平肩，上手勾眼眉；外手前臂平，往前向上推；两足骑周线，裆内夹枕头；外脚一上步，即是斜长方；里脚一上步，两足侧八字；转走疾如风，徒作体消耗；功夫慢走转，如鱼水中戏；打手吞小鱼，出奇不露机。

功夫重结构，结构定功能；形正则气和，形俱则神生；宇宙在乎手，劳动创造人；手指传感器，学名叫肌梭；感传最灵敏，内外都共振；六合九要功，人身四维阵；意在手上存，本质导智能；八卦走转连，青龙出返首；穿掌虎出洞，节奏自然生；规矩须精准，精准力量厚。

疏瘀通梢节，梢通气血通；伸缩出内劲，灵妙在乎手；小指无名指，呼吸到脚踵；大指食指张，神气自然生；掌根顶又沉，提肛抽胯从；器械手延长，抓握须用力；攥拳掌指顶，内连脾肝肾；掌背连腰脊，掌心连胸腹；足弓与掌背，先天信息通；用则功能长，松软功能退；内功都自律，不劳心意动；意念产生热，脏腑必受伤；条件反射出，无意含真意；真气性本凉，其性如冷光。

有动必有静，无静没持久；形动心当静，形静脚须稳；动静如呼吸，二者不可分；左动生左静，左静右必动。

二、目录

第一式　无极式

第二式　太极式

第三式　两仪学（单换掌）　1.青龙右转身　2.青龙缩尾　3.左掌推　4.左掌穿　5.青龙左转身　6.青龙缩尾　7.右掌推　8.右掌穿

第四式　四象学（双换掌）　1.鹞子钻天（指天插地）　2.白蛇伏草

第五式　乾卦掌（狮形托掌）　1.左托掌　2.右托掌

第六式　坤卦掌（翻臂掌）　1.右翻臂　2.左翻臂　3.右撞掌　4.麒麟吐书　5.青龙左转身

第七式　坎卦掌（蛇形顺势掌）　1.白蛇昂首　2.白蛇缠身　3.白蛇伏草　4. 白蛇吐信　5.青龙左转身

第八式　离卦掌（鹞形卧掌、翻身掌）　1.青龙现爪　2.大蟒右翻身　3.左掌推　4.左掌穿　5.青龙左转身　6.青龙右转身

第九式　震卦掌（龙形平托掌）　1.青龙升天　2.右掌推　3.右掌穿　4.震卦顺时针走转

第十式　兑卦掌（猴形抱掌）　1.白猿托桃（左式）　2.抱拳撑两肘　3.顶右肘　4.盖右肘　5.扬右肘

第十一式　巽卦掌（凤形风轮掌）　1.狮子抱球　2.狮子滚球　3.狮子翻身　4. 狮子伏地

第十二式　艮卦掌（熊形返背掌）　1.青龙现爪　2.黑熊返背　3.黑熊探掌　4.步落左掌穿　5.龙转身左式

第十三式　白马抖毛
第十四式　无极收式

三、学练规范

约定：自北往东走（顺时针），左旋之谓阳；自西往南转（逆时针），右转之谓阴；向左臂穿掌，谓之左穿掌（左式）；向右臂穿掌，谓之右穿掌（右式）。

（一）无极式

记起始，收式归；空如天，素而立；静如山，身不移；无所感，心自安；静默立，三呼吸。（图4-1）

图4-1

（二）太极式

左扭转，拧右足；两足成，一直角；虚觅位，灵轻身；视横竖，中正存；面切线，身前看；静默立，三呼吸。（图4-2）

图4-2

（三）两仪学（单换掌）

一气练走转，左右练穿用（左右以图说）。

1. 青龙右转身

图4-3

膝屈小腿桩，左臀垂左踵；右足左前迈，裹膝内开裆；两足斜长方，右膝垂右踵；右足在圈里，左足在圈外；两掌向右云，掌心对圆心；右掌指勾眉，左掌推右肘；重心压左踵，怀里如抱婴；左前臂水平，右肘与颏平；腕踝受力正，时位求我顺；目视圈心靶；肩胯向圆心。（图4-3）

八卦走转：走转对切线，两掌向圆心；肩胯与圆心，都成一直线；目视圆心靶，重心压后踵；外足扣着走，两足斜长方；小腿蹚上劲，足距自然步；内足不出圆，外足不进圆；一周八步好，稳如平水漂；高低不起伏，起止归一处；步法求灵妙，重心不晃动；借力真单重，后足推前足。

2. 青龙缩尾

图4-4

左足上步扣，两足扣八字；手足对圆心，裹膝裆内开；腕踝正受力，时位求我顺；身体坐后臀，目视圆心靶。（图4-4）

3. 左掌推

图4-5

右足往外掰，两足侧八字；右掌往外撑，大指向下伸；左掌推右肘，前臂似水平；重心压右臀，时位求我顺；目视肘外靶；面向切线寻。（图4-5）

4. 左掌穿

右转体直角，腰背向圆心；左足向上扣，两足扣八字；两足跟齐肩，两臂裹十字；右掌在里钻，左掌在外钻；左虎口对颊，相距不过掌；右掌高平头，掌举鹰指抓；掌头约一尺，怀里如抱婴；两臂绳索绑，目视左掌穿。（图4–6）

5. 青龙左转身

掌胯对圆心；左足向前迈，两足斜长方；左膝垂左踵，步距一小腿；左臂向前出，掌指与眼平；右掌肘下撑，两掌向圆心；右前臂水平，怀里夹枕头。（图4–7）

6. 青龙缩尾

右足上步扣，两足扣八字；手足对圆心，裹膝裆内开；腕踝正受力，时位求我顺；身体坐后臀，目视圆心靶。（图4–8）

7. 右掌推

两足侧八字，右掌推左肘；重心压右踵，面向圆切线。（图4–9）

8. 右掌穿

右足上步扣，扣成八字形；脊背向圆心，左掌抱右掌，右手指平头；两臂紧紧抱，怀里如抱婴。（图4–10）

图4–6

图4–7

图4–8

图4–9

图4–10

（四）四象学（双换掌）

一气练走转，起落练实用。

1. 鹞子钻天（指天插地）

青龙右缩尾，推掌再穿掌；左肘裹加钻，掌肘裹拧钻；坐胯背向里；左掌上钻天，右掌下插地；腕踝正受力，肘膝裹抱撑；坐着催走转，时位求我顺；目视身前靶，右足靠左踝；脚掌向上扬，足跟向下蹬。（图4-11）

图4-11

2. 白蛇伏草

右足向右落，双掌抱大球；臀胯往下坐，目视圆心靶。（图4-12）

图4-12

（五）乾卦掌（狮形托掌）

一气练体，托举练用。

1. 左托掌

从穿掌开始，左手心朝上，向内画圆圈；食指对圆心，高与两肩平；右掌往上抬，抬到额顶上；手心朝上举，右肘往外撑；右臂靠右耳，虎口对圆心；两掌托长杆，重心压右踵。（图4-13）

图4-13

逆走转：走转自然步，重力压右足，借力往下蹬；左足不出圈，右足不进圈；双掌向圆心，左足求占位，右足载体重；手足同起落，目视圆圈中。

2. 右托掌

要点同左托掌，方向相反。（图4–14）

图4–14

（六）坤卦掌（翻臂掌）

占时位练体，滚翻臂练用。

1. 右翻臂

右足右横迈，两足侧八字；右仰掌前伸，左覆掌推肘；重心右足后，身体向切线。（图4–15）

图4–15

2. 左翻臂

左足上步扣，两足扣八字；左掌左横翻，右掌推左肘；后背向圆心，目视察左右。（图4–16）

图4–16

3. 右撞掌

右足右后迈，左足随即并；靠住右踝骨，足掌往上扬；足跟往下蹬，右掌右后翻；左掌推右肘，目视右手前。（图4-17）

图4-17

4. 麒麟吐书

左足落地扣，两足扣八字；右掌胸前靠，前臂颏下直；右掌左前指，左掌肘下托；目视左前靶，重心往下坐；手张顶抓握，足跟沉踹蹬。（图4-18）

图4-18

5. 青龙左转身

双臂左画弧，成左单换掌；身体左后转，肩胯对圆心；腕踝正受力，时位求我顺。（图4-19）

图4-19

（七）坎卦掌（蛇形顺势掌）

一气练缠身，一气练崩弹。

1. 白蛇昂首

顺时走转始，右足向前迈；身体左后转，右臂头上缠；左足向左摆，两足侧八字；重心压右踵，左掌右下伸，掌心向右胯；右掌头上伸，意欲片左膀；面向左切线，目视左后靶。（图4–20）

2. 白蛇缠身

右足上步扣，两足扣八字，足跟不过肩；右掌左肩片，左掌右臀片；掌心都向内，抱紧内宽松；面向圆心看，目视身前靶；重心两足中，心内空洞洞。（图4–21）

3. 白蛇伏草

左足往外展，足距二尺余；膝盖不出脚，近似骑马式；两掌膝上按，两肘向外撑；臀胯如落坐，两足在弧线；目视左前靶。（图4–22）

图4–20

图4–21

图4–22

4. 白蛇吐信

右掌领右足，踢起左切线；掌高与肩平，足高不低心；左掌左胯上，左肘往左撑；左腿无意念，支撑不颤悠；左臀压左踵，目视胸前靶。（图4–23）

图4–23

5. 青龙左转身

右足落原处，右足往外掰；左足向右扣，两足扣八字；右肘往右撑，左掌肘下穿；形与穿掌同，脊背向圆心；两掌左画弧，左上右下推；左足左前迈，形如龙转身。（图4–24）

图4–24

（八）离卦掌（鹞形卧掌、翻身掌）

翻身练拧转，前后练戳砸。

1. 青龙现爪

青龙缩尾始，两足扣八字；左足往外掰，两足侧八字；左掌左前伸，覆掌扣彼腕；右肘向右撑，右掌胯前按；目视左前靶，重心压右踵。（图4–25）

图4–25

2. 大蟒右翻身

右肘往下砸，左掌往后拧；右大腿上抬，高与肚脐平；挺着右脚面，亮相片刻停；左腿无意念，稳无丝毫颤；两臂一斜线，目视左前靶。（图4–26）

3. 左掌推

两足侧八字，足距一小腿；左掌推右肘，右臂与眼平；右肘向右撑，左前臂水平；目视右切线，重心压裆中。（图4–27）

4. 左掌穿

右足上步扣，扣成八字形；脊背向圆心，左臂抱右臂，右手指平头；两臂紧紧抱，怀里如抱婴。（图4–28）

5. 青龙左转身

两掌右画弧，身体左后转；左足左前迈，两足斜长方；左掌指挑眉，右掌推左肘；肩手向圆心，目视圆心靶；重心坐右臀，形同单换掌。（图4–29）

逆时针走转：走转对切线，两掌向圆心；肩胯与圆心，都成一直线；重心压后踵；右足扣着走，两足斜长方；小腿蹚上劲，足距自然步；左足不出圆，右足不进圆；一周八步好，高低不起伏；起止归一处，步法求灵妙；重心不晃动，借力真单重。

图4–26

图4–27

图4–28

图4–29

6. 青龙右转身

左足向后落，右足上步扣，两足扣八字；穿掌右在外，脊背向圆心；两掌右画弧，身体右后转；右足右前迈，两足斜长方；肩胯对圆心，两掌右画弧；右掌指挑眉，左掌推右肘；如龙右转身，肩手向圆心；目视圆心靶，重心坐左臀；形同单换掌，右式顺时转。（图4–30）

图4–30

（九）震卦掌（龙形平托掌）

静中求练动，托臂求走稳。

1. 青龙升天

右式单换掌，青龙缩尾停；右足右横摆，两足侧八字；右掌右拧撑，手心向右外；右肘与肩平，右转左推掌；肘下右掌穿，左掌对耳朵；目视右前靶，两足扣八字；身体向左转，两臂平托掌；肩胯对圆心，重心压右臀；左足左前迈，两足斜长方；两肘平胸骨，两掌平托天；逆时针走转，叶落静水漂。（图4–31）

图4–31

2. 右掌推

两足侧八字，右掌推左肘；左大指向下，左肘与肩平；重心压右足，面向圆切线。（图4–32）

图4–32

3. 右掌穿

右足上步扣，扣成八字形；脊背向圆心；右臂抱左臂，左手指平头；两臂紧紧抱，怀里如抱婴。（图4–33）

图4–33

4. 震卦顺时针走转

内足不出圈，外足不进圈；稳坐催步走，如龙空中升；目视圆心靶，心静空洞洞；形正不晃动，步法如前形。（图4–34）

图4–34

（十）兑卦掌（猴形抱掌）

外紧练内松，破拿（抱）练用肘；兑卦泽之象，于物则为猴；有纵山之灵，猿献果之形；以拳之形言，谓之抱掌也；此拳上柔顺，而中下刚健；拳顺肺气清，拳谬气不和。

1. 白猿托桃（左式）

青龙缩尾左，青龙右返首；青龙右穿掌（黑虎出洞）；两足扣八字，脊背向圆心；左穿太阳掌（掌心向上），左掌护左颏；两臂如索绑，怀里如抱婴；左足向前迈，青龙左转身；两足侧八字，两掌向左并；平举似啃桃；前臂并前臂，垂直裹两肘；右足不踩线，左足不进线；重心压左臀，右膝垂右踵；目视手前靶，心静空洞洞。（图4–35）

托桃走转：足动身不动（相对位置），肩胯向圆心；走转自然步；重心压左踵，推着右步行。

图4–35

2. 抱拳撑两肘

面向圆心停，两拳向外撑；两肘左右顶，两足扣八字；两拳心向下，两前臂水平；两肘往外顶，两足扣八字，重心坐足中。（图4–36）

3. 顶右肘

两足侧八字，左掌推右拳；用力顶左肘，重心压左踵；目视左切线，静为身心正。（图4–37）

4. 盖右肘

左足上步扣，扣成八字形；左肘往右盖，方向对圆心。（图4–38）

5. 扬右肘

左足后撤步，左足上步扣；右肘右上扬，右掌推左拳。（图4–39）
董海川八肘，“顶盖扬”选留；方便又实用，补遗有理由。

图4–36

图4–37

图4–38

图4–39

（十一）巽卦掌（凤形凤轮掌）

风吹练球滚，一气练灵妙。

1. 狮子抱球

青龙缩尾始，左掌推右肘；右肘右顶撑，左掌向右穿；左足上步扣，两足扣八字；青龙左转身，掌胯对圆心；两足斜长方，身体压右踵；左膝垂左踵，步距一小腿；左臂向前出，左掌心向上；右掌头上伸，两掌抱大球；肩胯向圆心，裹膝裆内空；左掌与心平，上下手足应。（图4-40）

2. 狮子滚球

左足向左掰，左掌按胯根；两足侧八字，重心不可动；右掌向右降，掌高与鬓齐；目视左前靶，心胸空洞洞。（图4-41）

3. 狮子翻身

右足向上扣，两足扣八字；足跟上齐肩，面向正圆心；两掌位置换，似抱大皮球；重心压臀中，两膝对足掌。（图4-42）

4. 狮子伏地

左足向左撤，撤成骑马步；两膝不出踵，犹如坐沙发；左掌向下放，两掌还抱球；目视圆心靶，心空如上天。（图4-43）

巽卦走转：右掌向左穿，右足向上扣；两足扣八字，右变单换掌，顺时针走转；自然趟泥步，八步一回转；左足不出圈，右足不进圈；腕踝正受力，肘膝裹抱撑；坐着催走转，时位求我顺；目视圆心靶，心胸空洞洞。

图4-40

图4-41

图4-42

图4-43

（十二）艮卦掌（熊形返背掌）

练体动求静，练用戳加拧。

1. 青龙现爪

青龙缩尾始，面对圆心停；右足向外掰，左掌胯根按；两足侧八字，目视向切线；面前左探掌，虎口向右开。（图4–44）

2. 黑熊返背

右足向上扣，两足扣八字；脊背向圆心，右掌颌下藏；指尖向上指，左掌向后伸；右掌外拧翻，掌心向上弯。（图4–45）

3. 黑熊探掌

剑指向前戳，右膝抬水平；右肘砸右膝，肘膝一拳隔；重心压左踵，目视右前靶；右足挺脚面，膝上裆内藏。（图4–46）

4. 步落左掌穿

身体右后转；左足向上翻，两足扣八字；脊背向圆心，怀里如抱婴；掌心都向后，目寻圆外靶。（图4–47）

图4–44

图4–45

图4–46

图4–47

5. 龙转身左式

身体左后转，左足向左迈；两足斜长方，左里右圈外；左掌左前推，食指欲勾眉，上臂与肩平；右掌推左肘，前臂胸前平；肩胯对圆心，走转平水漂；腕踝正受力，肘膝裹抱撑；坐着催走转，时位求我顺；走到开始点，停住对圆心。（图4–48）

图4–48

（十三）白马抖毛

两足扣八字，右足向右移；足距一肩宽，面向圆心看；右肘向右抖，左肘向左抖；抖肘连三次，先慢后加速；犹如马抖毛，整理去疲劳。（图4–49 ~ 图4–51）

图4–49

图4–50

图4–51

（十四）无极收式

双掌往下按，右足向左回；两足成直角，身立气下沉；空如游上天，双目无所视；静如进山谷，耳听无所声；目视头上景，休闲三十步。（图4-52）

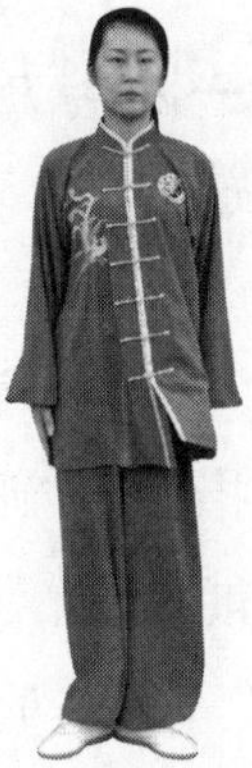

图4-52

（动作演示：孙文韬）

第五篇 形意拳新篇

宗师不保守，形意出新篇；纯以养正气，内外合一体；文武在志坚，富强在人民；伸缩生内劲，开启天地能；静为天下正，三体式为基；形意强肱股，力量大如山；钻翻用前节，手足灵妙生。

阴阳本一气，始末都循环；一阴与九阳，阶段不可少；初阳与老阴，也是常程序；老子有遗论，千年放光辉；万物皆负阴，抱阳而争生；阴阳是向背，逆伤顺成功。

宗师孙禄堂，热衷“拳与文”；灵感现真知，易忘当留字；今天新时代，图片加视频；导引加联想，指正有新知；先后天合一，武学进上乘；进退顺生理，关节负荷正；单重能借力，前虚后为实；虚脚能抬起，重心不能移；目视横竖线，能校身中正；内劲拳之道，道者反之动。

定义形意拳，形似滚铁球；用中击彼中，中和不伤身；手指如鹰爪，后掌垂秤砣；动静不见形，如水推倒堤；“形意”无玄字，十字直诚拳；直行劈崩钻，右转练回身；之字练炮横；左转回身练；效法日月升，顺阳逆为阴。

有动必有静，有静耐力增；形动心当静，形静手足顶；动静如呼吸，频率升降清；形意练力量，力量生速度；速度生变化；力量源肌肉，伸缩力即生；起如枪出膛，灵妙落占位；练力如游泳，呼吸任自然；虽然有本能，意念助把力；武学忌心重，意重伤身体。

动静有进退，有动当有静；进退强大腿，蹬踹强小腿；起落强上臂，钻翻强前臂；理有无穷尽，时代在前进；套路需创新，创新才发展；文武当俱进，贡献新时代！

一、五行拳

传统五行论，很多说不清；武学讲生克，无可无不可；郭师半步崩，天下无人克；形意拳无它，神气生变化；一气之起落，即是练劈拳；一气之伸缩，崩拳道理合；一气之钻伸，钻拳真理存；一气之开炸，炮拳性如弹；一气之横撞，横拳形如梁；一气之连环，进退滚铁球；一气之八式，形似莲珠箭；十二（12）形减半，大道练精简。

练精意何解，形正时位准（源于宗师论）；化气意何解？形正气自和（源于宗师论）；练气意何解？虚无真气从；练神意何解？张顶神气扬（张顶手验证）；还虚意何解？无意含真意！

力不出前足，体不出后足；“中为武大本，和为武真诠”（源于《中庸》）；“静为天下正”，动为万物性；站立坐卧想，久了必受伤（《黄帝内经》论）；和为力从容？呼吸不能喘；前膝垂脚跟，后臀落后踵；一气之进退，中轴不能变；意轻力道中，胸内空洞洞。

（一）劈拳

宗师孙禄堂，《形意拳学》曰：“劈拳修炼者，一气之起落”；“一次呼吸伴，一手劈拳成”。递手就跟步，“偷步进身形”；起与吸合拍，蓄能缩身形；进放同呼气，内劲得释放；以形导真气，外功导内功！进步后脚蹬，龙虎熊鸡全；单重借地力，劈拳真单重；虚脚任意抬，中轴不位移；外形有革新，拳理宗师传；内外一整体，呼吸最为先。

1. 无极式

立正姿势站；两足成直角，两手自然垂；静立三呼吸，无极生万式。（图5-1、图5-1附图）

图5-1

图5-1附图

2. 太极式

“右转扭气机”，“虚灵”气充身；左足跟为轴，足尖向里扣；两足半直角，屈腿往下蹲；重心压右踵，左足直向前；宁扣不能敞，双手覆掌起；双手胸前抱，右上阴阳鱼；两肘紧靠肋，前臂平胸骨；掌心都向下，右手压左手；食指上下对，顶头收下颌；抽胯脚跟沉，视前顾左右。（图5-2、图5-3、图5-3附图）

图5-2

图5-3

图5-3附图

3. 三体左式

三体式左式，左足趟踩进；脚与方向顺，左膝齐左踵；重心不须移，足距自锁定；右掌脐下塌，掌根向前推；掌形抓篮球，效仿鹰抓兔；左掌指扎天，食指意挑眉；左前臂平腋，身板向右斜；看斜身似正，右偏半直角；手动连筋骨，九要手上求；手足张顶抓，塌顶提顶扣；裹松垂裆缩；动静有节奏，起钻落翻清；目视手前靶，力则彼背透。（图5-4）

图5-4

4. 左递手

左掌握拳缩，拧裹一小圈；小指根钻天，高在口眼间；右掌裹阳拳，右肘向右撑，右臂似水平；双拳齐出钻，聚在口鼻前；双拳都是阳，右拳压左腕；左蹬右足进，左斜半直角；三体真单重，靠住左足跟；重心压左踵，右足掌上扬；脊柱龙出潭，两臂虎抱头；两膀似熊斗，单重效金鸡；四象聚一身，缩成一铁球。（图5-5）

图5-5

5. 三体右式

沉身即放手，身手学左式；右足趟步进，步形与左同；中轴不可动，劲如拉满弓；一气合力聚，一次呼气成；起落练若打，劲在精度求。（图5-6）

图5-6

6. 右递手

右掌握拳缩，拧裹一小圈；小指根钻天，高在口眼间；双拳齐出钻，聚在口眼前；双拳都是阳，左拳压右腕；左足尖外摆，右蹬左足进；右斜半直角；重心压右踵，左足掌上扬；靠住右足跟，三体真单重；两膀似熊斗，单重效金鸡。（图5-7）

图5-7

7. 右转回身

（1）左式回身：出去左手足，三体左式同；左足扣八字，右转左手回；双掌握双拳，腹前变阳拳；右足向右进，前进在竖线；外摆半直角，右拳出向前；左拳足同进，龙虎熊鸡全。（图5-8、图5-8附图、图5-9、图5-10）

（2）右式右回身：出去右手足，三体右式同；重心移右足，左足上步扣；双足扣八字，双掌握双拳；腹前变阳拳，右转右足进；左足靠右踝，脚掌向上扬；双拳右前钻，左拳贴右腕；龙虎熊鸡全，形俱则神生；神生伴吸气，放手呼气成；非是用意念，自然智能成。（图5-11～图5-13）

图5-8

图5-8附图

图5-9

图5-10

图5-11

图5-12

图5-13

左右以手说，分清勿混淆；劈拳左右练，多寡看地形；起落都有静，静为天下正；呼吸随动静，节奏智能成；劈拳直为阳，右转顺时针；天人合传统，身心都受益。

8. 收式

回身并左足，进足左放手；右足随即跟，足距约一尺；两掌徐徐落，一呼吸式成；形同无极式，拳停归原址；静立三呼吸，散步眼上瞄。（图5–14、图5–15）

图5–14

图5–15

（二）崩拳

宗师孙禄堂，《形意拳学》曰：“崩拳修炼者，一气之伸缩；以中击彼中，手足导气行。”重心压后脚，崩拳真单重。

1. 无极式

立正姿势站，两足成直角；两手自然垂，身空如上天；内外无意念，静立三呼吸。（图5–16）

图5–16

2. 太极式

左足对行拳，右转半直角；足如转乾坤，脚跟扭气机；内气虚灵充，头脑意警醒；占位真单重，身手气灵轻；一气复先天，自然智能行；目视前方靶，审视外环境；双手覆掌起，右上左在下；胸前手抱心，前臂平胸骨；食指上下对，手指张顶沉；身压右足踵，右踵与臀齐。（图5-17、图5-18）

3. 三体左式

左足直趟进，脚与方向顺；左足尖微扣，膝对左足踵；中轴不须动，足距与肩同；右掌脐下塌，掌根向前推；掌形抓篮球，又似鹰抓兔；左掌指扎天，食指意挑眉；左前臂平腋，身体向右斜；看斜身似正，右偏半直角；手动连筋骨，九要手上求；手足张顶抓，塌顶手指抠；裹肘身垂缩，起钻落翻清；目视手前靶，力透彼脊胸。（图5-19）

4. 右式

双掌攥上拳，攥成左立拳；右成阳面拳，双拳催顶沉；左足大步进，右足大步随；足距约一脚，两足半直角；右拳从心出，拳与前臂平；右拳须攥紧，拳眼与臂平；左拳收脐上，外撑拳面阳；身压右足踵，右踵与臀齐。（图5-20）

图5-17

图5-18

图5-19

图5-20

5. 左式

左足大步进，右足大步催；落地半直角，足距约半尺；左拳从心出，吸气拳挑人；右拳收脐上，外撑拳面阳。（图5–21）

图5–21

6. 狸猫倒上树

打出右崩拳，右转90°；左足往右扣，双足扣八字；双拳搂着落，心下拳相对；右转90°；沉身起右足，蹬向前上方；双拳往上钻，右外左里连；右足横脚踩，极力往前落；双掌前后撕，覆掌半直角；左掌嘴下拍，前臂与心平；右掌脐上落，掌根向前推；左足即跟步，左膝顶前窝；足跟略抬起，足尖对前踝。（图5–22 ~ 图5–24）

图5–22

图5–23

图5–24

7. 右式

双掌攥上拳，攥成左立拳；右成阳面拳（即拳背向下），双拳催顶沉；右足先垫步，左足大步进；右足催左足，前后一足距；落地半直角，沉身到足底；右拳从心出，挑打力随吸；右前臂水平，拳面平勿扬；左拳收脐上，外撑拳面阳（即拳背向下）；循环随地段；崩拳右回身，左右以手说，分清勿混淆。（图5-25、图5-26）

图5-25

图5-26

8. 收式

回到起式位，崩拳右式停；右足后撤步，足尖右前横；左足撤右后，足跟略欠起；左膝顶右窝，拉回前右拳；脐上变阳拳，左肘坠且撑；左拳拧着进，立拳肘平心；双掌胸前合，覆掌双双落；右足往后撤，两足成直角；身子即站立，无极式还原。（图5-27、图5-28）

图5-27

图5-28

（三）钻拳

宗师孙禄堂，《形意拳学》曰：“钻拳一钻翻，吸气打头颈。”钻拳改单重，与拳理共练。

1. 无极式

立正姿势站，两足成直角；两手自然垂，空如上云端；流水无意念，静立三呼吸。（图5-29）

图5-29

2. 太极式

左足应调直，右转半直角；“足转立乾坤，脚跟扭气机”；两足占中位，胸藏“虚灵”气；一气复先天，审视外环境；身子徐徐落；双手覆掌起，右上左在下；胸前手抱心，前臂平胸骨；食指上下对，手指张顶沉；身压右足踵，右踵与臀齐。（图5-30、图5-31）

图5-30

图5-31

3. 三体左式

左足直趟进，脚与方向顺；左足尖微扣，膝对左足踵；中轴不须动，足距与肩同；右掌脐下塌，掌根向前推；掌形抓篮球，又似鹰抓兔；左掌指扎天，食指意挑眉；左前臂平腋，身体向右斜；看斜身似正，右偏半直角；手动连筋骨，九要手上求；手足张顶抓，塌顶手指抠；裹肘身垂缩，起钻落翻清；目视手前靶，力透彼脊胸。（图5–32）

图5–32

4. 右式

左掌握拳缩，拧裹一小圈；小指根钻天，高在口眼间；右掌裹阳拳，右臂拉满弓，右肘向右顶；双拳如搭箭，形似虎抱头；双拳都是阳，右拳压左腕；左足垫步进，左斜半直角；右足随即跟；靠住左足跟；重心压左踵，右足掌上扬；一气坐住身，一次呼气成；脊柱龙出潭，两臂裹住劲；两膀似熊斗，单重效金鸡；左右以手说，分清勿混淆。（图5–33）

右拳往上钻，右足趟占位；左拳翻扣回，停在右肘后；左足催步跟，足距一尺许；重心压左踵。（图5–34）

图5–33

图5–34

5. 左式

右足横垫步；左足随即跟，靠住右足跟；重心压右踵，左足掌上扬；右拳继续钻；左拳翻拳钻，拳背压右腕；两臂虎抱头，两膀似熊斗；单重效金鸡。（图5–35）

左足大步进，右足催左足，足距一尺许；重心压右踵，右足右斜跟；一气聚一身，一次吸气成；脊柱龙出潭，两臂虎抱头；两膀似熊斗，单重效金鸡；左拳继续钻，高在口鼻间；右拳右扣翻，回搂左肘后；左肘右藏拳，覆拳待出击。（图5–36）

图5–35

图5–36

6. 回身收式

打出左钻拳，左足往右扣；两足扣八字，左拳右画弧；额右向下搂，右拳往上钻；两拳嘴前会，左拳右搬扣；右拳右挑出，右足向右进；身压左足踵，左右循环练。（图5–37）

图5–37

7. 收式

打出左钻拳；回身起式位，打出右钻拳；双手往下落，身子徐徐立；右足向左靠，无极式还原；静立三呼吸，散步眼上瞄。（图5-38～图5-40）

图5-38

图5-39

图5-40

（四）炮拳

宗师孙禄堂，《形意拳学》曰："炮拳一气炸，吸气随打击，形先气为从。"出手先缩身，内气智能跟。

1. 无极式

立正姿势站，两足成直角；两手自然垂，方向与步直；身如上天阔，静如昆仑峰；流水无意念，静立三呼吸。（图5-41）

图5-41

2. 太极式

左足对行拳，右转半直角；足如转乾坤，足跟扭气机；内气虚灵充，头脑意警醒；占位真单重，身手气灵轻；一气复先天，自然智能行；目视前方靶，审视外环境；双手覆掌起，右上左在下；胸前手抱心，前臂平胸骨；食指上下对，手指张顶沉；身压右足踵，右踵与臀齐。（图5-42、图5-43）

图5-42

图5-43

3. 三体左式

左足趟腿进，足与方向顺；左足尖微扣，膝对左足踵；重心不移动，足距自锁定；右掌脐下塌，掌根向前推；掌形抓篮球，又似鹰抓兔；左掌指通天，食指挑左眉；左前臂平腋，身板向右斜；右偏半直角，看斜身似正；手指连筋骨，九要手上求；手足张顶抓，塌扣提顶裹；松肩垂肘缩；极力缩住胯，起钻落翻清；目视手前靶，力则彼背透。（图5-44）

图5-44

4. 出式

左足前垫步，右手找左手；双手往前伸，掌心都向下；前臂平地面，目视手前方。（图5-45、图5-45附图）

图5-45

图5-45附图

5. 右式

双掌变双拳，搂到脐两边；阳面背朝下，拳距约一拳；右足窜大步，左足随即跟；靠住右踝骨，形似鸡独立，左足进大步；左臂额上撑，右拳从心出；立拳击彼心，右足随即跟；力透彼胸背，足距半尺余。（图5-46、图5-47）

图5-46

图5-47

6. 左式

左足前垫步，双拳往下搂；搂到脐两边，拳背向下沉；右足即跟步，靠住左踝骨；右足大进步，左足跟半步；右拳额前扬，右肘向前撑；左拳从心出，立拳击彼中；左足随即跟，足距半尺余；左右手足说，分清勿混淆。（图5-48、图5-49）

图5-48

图5-49

7. 回身式

炮拳右足出，右足左勾回；左转90°，两足扣八字；回落两阳拳，脐上左右撑，拳距约半尺；左转90°；左足靠右踝，足尖左上扬；左足左前进，足落抢占位；左拳额前扬，拳背靠鬓角；左肘左前顶，右拳击彼中；右足即跟步，足距一脚多；力透彼胸背，静身式稍停。（图5-50、图5-51）

图5-50

图5-51

8. 收式

炮拳左式出，右足左勾回；左转90°，两足扣八字；回落两阳拳，脐上拳对拳，拳距半尺余；左转90°；左足向右靠，足尖左上扬；蹲身左足进，左足进中位；左拳额前扬，拳背靠鬓角；左肘向前撑；右拳从心出，立拳击彼中；右足即跟步，足距半尺多；静身式稍停；两拳都变掌，覆掌胸前落；左足找右足，两足成直角；无极式还原，静立三呼吸。（图5-52～图5-55）

图5-52

图5-53

图5-54

图5-55

（五）横拳

宗师孙禄堂，《形意拳学》曰："横拳一气撞，吸气用肘撑；静以天下正，以形导真气。"

1. 无极式

立正姿势站，两足成直角；两手自然垂，身如空中游；静如泰山立，流水无意念；胸中空洞洞，静立三呼吸。（图5–56）

图5–56

2. 太极式

左足对行拳，右转半直角；足如转乾坤，足跟扭气机；内气虚灵充，头脸意警醒；占位真单重，身手气灵轻；一气复先天，自然智能行；目视前方靶，审视外环境；双手覆掌起，右上左在下；胸前手抱心，前臂平胸骨；食指上下对，手指张顶沉；身压右足踵，右踵与臀齐。（图5–57、图5–58）

图5–57

图5–58

3. 三体左式

左足趟腿进，足与方向顺；左足尖微扣，膝对左足踵；重心不移动，足距自锁定；右掌脐下塌，掌根向前推；掌形抓篮球，又似鹰抓兔；左掌指通天，食指挑左眉；左前臂平腋，身板向右斜；右偏半直角，看斜身似正；手指连筋骨，九要手上求；手足张顶抓，塌扣提顶裹；松肩垂肘缩；极力缩住胯，起钻落翻清；目视手前靶，力则彼背透。（图5-59）

图5-59

4. 左式

两手都握拳，右拳左下出；出拳拧钻翻，左足左斜进；右足随即跟，足距半尺余；两足斜长方，左拳内拧搂；手背朝向上，停在右肘后；形似阴阳鱼，暗藏打循环。（图5-60）

图5-60

5. 右式

左足前垫步；右足随即跟，靠住左踝骨；脚掌往上扬，右足右斜进，左足随即跟；足距半尺余，两足斜长方；左拳肘下出，向右横翻出；翻成左阳拳，平着打彼肋；右拳内拧搂，停在左肘后；形似阴阳鱼，暗藏打循环；左右以位说，位手相矛盾。（图5-61、图5-62）

图5-61

图5-62

6. 回身式

打出右横拳，左转180°；右足左回勾，勾成足八字；右拳从肘后，向左前翻撞；翻成右阳拳，左足左前进；右足随即跟，步距半尺余；两足斜长方，左拳内拧搂；右肘后边停，阴阳鱼循环。（图5-63、图5-64）

图5-63

图5-64

7. 收式

形同回身式，左足直着进；打出右横拳，步距半尺余；两足斜长方，左拳内拧搂；右肘后边停，两拳都变掌；覆掌胸前落，左足找右足；两足成直角，身体缓缓立；无极式还原，静立三呼吸。（图5-65、图5-66）

图5-65

图5-66

（动作演示：马凤山）

二、连环拳

宗师孙禄堂，《形意拳学》曰：“连环拳学用，五行合一势；分练有捷径，合练变化多；节奏随呼吸，强度寻中和；未发谓之中，不喘谓之和；中为拳大本；我顺拳真道；合一致中和，时位须精准；出拳任自然，五行归和顺。”

（一）纲要

力不出前足，体不出后足；前膝垂前踵，后臀落后踵；进退如铁球，中轴不能动；拳从心尖出，足从后踝出；单重要敬诚，前足不负重；节奏如呼吸，耗用须补充；拳法练若打，技击如练拳；武学在乎手，十指连心肾；出拳手张顶，导引出精神；手不忘抓握，导引气下沉；虚无养元气，内守养元神。

（二）学练规范

1. 无极式

无极式站立，面向拳方向；立正姿势站，两足成直角；两手自然垂，方向与拳顺；身如游上天，静如泰山立；流水无意念，静立三呼吸。（图5–67）

图5–67

2. 太极式

左足与拳同，右转半直角；“转乾坤融天，扭气机在身”；身内虚灵气，虚静身形正；一气复先天，审视外环境；身子徐徐落，双手抬覆掌；右上左在下，胸前手抱心；食指上下对，手指张顶沉；身压右足踵，右臀垂右踵。（图5–68）

图5–68

3. 三体左式

左足趟腿进，脚与方向顺；左足尖微扣，膝对左足踵；重心不移动，足距自锁定；右掌脐下塌，掌根向前推；掌形抓篮球，又似鹰抓兔；左掌指通天，食指挑左眉；左前臂平腋，身板向右斜；右偏半直角，看斜身似正；手指连筋骨，九要手上求；手足张顶抓，塌扣提顶裹；松肩垂肘缩；极力缩住胯，起钻落翻清；目视手前靶，力则彼背透。（图5–69）

图5–69

4. 进步崩拳（青龙出水）

双掌攥上拳；攥成左立拳，右成阳面拳；双拳催顶沉，左足大步进；右足催步跟，落地半直角；足距有一脚，沉身出右拳；吸气力量厚，导引肺吸气；右前臂水平，拳面平勿扬；左拳收脐上，外撑拳面阳；蹲身气下沉，沉到两足跟；右拳从心出，吸气拳挑人；左右以手说，右出即右式。（图5–70）

图5–70

5. 退步崩拳

崩拳右式停，右足后撤步；足尖右前横，左足撤右后；足跟略欠起，双腿剪子股；左膝顶右窝，身轴落膝窝；拉回右阳拳，脐上肘右撑；左拳拧着进，立拳肘平心。（图5–71）

图5–71

6. 顺步崩拳（黑虎出洞）

右足大步进，左足催前足；右拳拧着进，左拳翻成阳；撤在左脐旁。（图5-72）

图5-72

7. 白鹤亮翅

左转90°，向左撤左步；双拳大开合，从头落到胯；右拳砸左掌，停在丹田前；右转90°；右足左撤回，掌脚齐声响；身势力蹲缩，目视裆上拳。（图5-73、图5-73附图、图5-74）

图5-73

图5-73附图

图5-74

8. 炮拳右进式

右足向右进，左足催步跟；右拳鬓角扬（拳背靠鬓角），右肘往上撑；左拳从心出，拳臂与心平；左右以步说，与手错综着；拳眼须向上，目视前左右。（图5-75）

图5-75

9. 撤步大劈拳

左步向后撤，右步过步撤；右手向下搂，左掌似箭出；重心压右踵，手足合三体；身势微下伏，犹如大劈拳；胸中空空沉，目视前左右。（图5-76）

10. 撤步斜钻拳

左足向回撤，踮着停在踝；左掌收到颏，阳拳出八字（大二指张）；右掌左钻出，也是八字手。（图5-77）

11. 狸猫上树

左足前垫步，左手右足起；右足向前踹，全力向前进，右足横着落，左足催步跟；两腿剪子股，两膝顶住劲；左足对右踝，足跟须欠起；右掌从嘴出，左掌往前拍；右掌撤到胯，胯前按住劲；目视右前靶，身势微静停。（图5-78）

12. 右式

右足先垫步，左足过步进；右手立拳出，高与乳线平；左拳背向下，撤到脐左边；右足斜横跟，足距有一脚；目视手前靶，身势微静停。（图5-79）

图5-76

图5-77

图5-78

图5-79

13. 狸猫倒上树

位置到前端，打出右崩拳；左足往右扣，双足扣八字；双拳搂着落，心下拳相对；右转180°；沉身起右足，蹬向前上方；双拳往上钻，右外左里钻；右足横脚踩，极力往前落；双掌前后撕，覆掌拉劈拳；前掌嘴下拍，前臂与心平；后掌脐上落，掌根向前推；左足即跟步，左膝顶前窝；脚跟略抬起，足尖对前踝。（图5-80）

重复4～13式。

14. 崩拳右式

双掌攥上拳，左拳变立拳；右拳背向下，向前顶催沉；右足先垫步，左足大步进；右足随即跟，前后一足距；落地半直角，沉身到足底；右拳从心出，挑打力随吸；右前臂水平，拳面平勿扬；左拳收脐上，外撑拳面阳（即拳背向下）；连环再循环，中轴相对稳；崩拳右回身，直行效天璇。（图5-81）

15. 收式

崩拳右式停，右足垫步撤；足尖向右横，左足撤右后；足跟略抬起，左膝顶右窝；拉回右阳拳，脐上肘右撑；左拳拧着进，立拳肘平心；双掌胸前合，覆掌双双落；右足往后撤，两足成直角；身子徐徐立，无极式还原。（图5-82、图5-83）

图5-80

图5-81

图5-82

图5-83

（动作演示：王德龙）

三、五行变拳

五行变拳学，不是五趟拳，五行拳单手，一趟拳较好。每式左右练，即兴再换招；有二十（20）变化，在信息时代，“123”和“321”可不相同啊。兵家排兵布阵，都是排列的学问，武学应该承认和学用这个道理。五行变拳，每两个不重复的组合，公式为（5×4×3×2×1）/（3×2×1）=20。

（一）顺序推荐

第一轮：劈、钻、崩、炮、横；12345；
第二轮：钻、炮、劈、横、崩；24153；
第三轮：横、劈、炮、崩、钻；51432；
第四轮：钻、劈、崩、横、炮；21354。

首尾不接龙，练完五轮变，时长3分钟；条件反射成，即兴能散打；“五行生克”拳，“安身炮对练”；皆是死套路，实战用不上；“五行变拳学”，能激活“本能“，先天反应出，功夫即上身。

（二）学练规范

1. 无极式

两足成直角，立正姿势站；双手自然垂，心静如子夜；默立三呼吸，无极生万式。（图5–84）

图5–84

2. 太极式

“右转扭气机”；“虚灵”气充身，两足半直角；屈腿往下蹲，重心压右踵；左足直向前，双手胸前抱；右上阴阳鱼，环视顾左右；太极即一气，一气即太极。（图5–85、图5–86）

图5–85

图5–86

3. 三体左式

头像天空阔，足像地稳实；手像太极人，身上密钥存；左足趟踩进，足与方向顺；左膝垂左踵，重心坐后踵；足距自锁定，右掌脐下塌；掌根向前推，掌形抓篮球；效仿鹰抓兔，左掌指扎天；食指意挑眉，左前臂平腋；身板向右斜，看斜身似正；右偏半直角，九要手脚求。（图5–87）

图5–87

4. 左递手

左手攥阳拳，缩从嘴角出；小手指朝天，拧着往前伸；扬着右足掌，跟步靠左踝；重心压左踵，身下沉借力；臂头竖青龙，熊膀左右撑；右拳同时钻，搭在左腕上；意为虎抱头，足为鸡独立；效龙虎熊鸡，四象意存身；吸气递手成，气在身内充。（图5–88）

图5–88

5. 右放手

双拳坠肘钻；右拳放右掌，拳意拍倒牛；左拳也变掌，往后往下抻；掌根脐下塌，五指俱张开，食指往上挑；手心俱空含，右肘平于心；右前臂水平，两手如拉弓；呼气放手成，一气手起落，形意内外合。（图5-89）

6. 右递手

右手攥阳拳，缩从嘴角出；小手指朝天，拧着往前伸；左手握钻拳，拳背压右腕；右足前垫步，前后侧八字；左足扬足掌，靠住右踝停。（图5-90）

7. 左放手

左拳放左掌，拳意拍倒牛；右拳也变掌，往后往下抻；五指俱张开，食指往上挑，手心俱空含；左肘平于心，左前臂水平；两手如拉弓，呼气放手成；一气手起落，形意内外合。（图5-91）

8. 左递手

双掌攥阳拳，拧裹一小圈；聚在口鼻前，小手指朝天；双拳往前伸，拳高不过眼；左肘中线裹，右肘向右撑；右拳即帮衬，附在左腕后；左足前垫步，两足侧八字；右足即跟步，靠左踝蓄力。（图5-92）

图5-89

图5-90

图5-91

图5-92

9. 右钻拳

右拳向上钻，左拳上钻出；右足右进步，左足跟半步；右拳拧着钻，右上臂水平；左拳翻扣回，停在右肘后；右拳平左眼，重心压左踵；一气如泉钻，吸气完成钻。（图5–93）

10. 左钻拳

左拳心向上，右拳上边钻；左足左前进，右足跟半步；右拳内扣翻，回搂左肘后；左拳与眼平，重心压右踵；一气如泉钻，吸气完成钻。（图5–94）

11. 钻拳右回身

左足扣八字，右转180°；左拳向回搂，附在右肘后；右拳往前挑，右足向前进；重心压左足，身轴不前倾。（图5–95）

12. 左崩拳

右足斜垫步，左足靠右踝；随后极力进，右足跟半步；左拳心口出，拳面水平顶；右拳心向上，右肋心口撑；欲借全身力，身坐右足踵。（图5–96）

图5–93

图5–94

图5–95

图5–96

13. 右崩拳

左足极力进，右足半步跟；挑打右崩拳，拳从心口出；拳面顶水平，重心压右足；左拳心向上，左肋心口撑。（图5-97）

图5-97

14. 崩拳右回身

右转90°；左足扣八字，足跟下齐肩；两拳心向上，肋下左右撑。（图5-98）

图5-98

15. 狸猫倒上树

右转90°；右拳右足起，左足向下蹬；两拳右在前，拳脚龙虎交；右足右上蹬，攀登身前树；左掌往前抓，右掌拉硬弓；右足撇脚落，左足半步跟；左膝顶右膝，左足跟欠起；重心压膝中，身轴垂右踵。（图5-99、图5-100）

图5-99

图5-100

16. 炮拳出式

左足向前进，缩胯肩肘沉；左手合右手，两掌心向下；掌平嘴前伸，重心移前足；两眼顺手看，猎前先蓄力。（图5–101）

17. 右虎蹲

右足前窜出，左足跟步靠；全身虎蹲缩，左足稍离地；靠住右足踝，足尖往上扬；重心压右踵，两拳腹前撑；拳心拧向上，拳距有两寸。（图5–102）

18. 左炮拳

左足前趟进，右足跟半步；左拳额前挡，左肘左前顶；右拳左前冲，拳面平于心；重心压右足，只为多借力。（图5–103）

19. 左虎蹲

左足前垫步，右足靠左踝；重心压左踵，两拳腹前撑；拳心都向上，拳距有两寸；身体齐蹲缩，虎蹲有一静。（图5–104）

20. 右炮拳

右足右前趟，左足跟半步；右拳额前挡，右肘左前顶；左拳右前冲，拳面平于心；沉身多借力，重心压左踵。（图5–105）

图5–101

图5–102

图5–103

图5–104

图5–105

21. 炮拳回身

炮拳右足出，右足左回勾；左转180°，两足扣八字；回落两阳拳（拳心向上），脐上左右撑，拳距约半尺；左足靠右踝，足尖向上扬。（图5-106）

22. 左横拳

双拳胸前钻；右拳左下出，出拳拧钻翻；左足左前进，右足随即跟；足距半尺余，两足斜长方；左拳内拧搂，停在右肘后；形似阴阳鱼，暗藏攻击拳。（图5-107）

23. 右横拳

左足前垫步，右足随即跟；靠住左踝骨，脚掌往上扬；右足右前进，左足随即跟；足距半尺余，两足斜长方；左拳肘下出，向右横翻出；翻成左阳拳，平着打彼胸；右拳内拧搂，停在左肘后；形似阴阳鱼，暗藏打击拳。（图5-108、图5-109）

24. 横拳回身

打出右横拳，左转180°；右足左回勾，勾成足八字；右拳从肘后，向左前翻撞；翻成右阳拳，左足左前进；右足随即跟，步距半尺余；两足斜长方，左拳内拧搂；臂似阴阳鱼，暗藏打击拳。（图5-110）

图5-106

图5-107

图5-108

图5-109

图5-110

25. 左劈拳

左足趟踩进，足与方向顺；左膝垂左踵，重心压右踵；足距自锁定，双拳变双掌；右掌脐下塌，掌根向前推；掌形抓篮球，效仿鹰抓兔；左掌指扎天，食指意挑眉；左前臂平腋，身板向右斜；看斜身似正，右偏半直角；手动连筋骨，九要手上求；手足张顶抓，塌顶指抓抠；裹松垂裆缩；动静有节奏，起钻落翻清；目视手前靶，力则透彼背。（图5–111）

图5–111

26. 原劈拳回身

打击左劈拳，右转（90°）扣左足，扣成足八字；右转180°；右转（90°）左手回，双掌小腹前；两拳变阳拳；右足垫步横，横成半直角；右拳向前递，左拳压右腕；左足靠右踝；龙虎熊鸡抱，可成四象全；左足靠右踝，再向前趟迈；左掌向前拍，右掌向回撤，撤到腹脐前；右撑勿露肘，三体左式同。（图5–112 ~ 图5–114）

图5–112

图5–113

图5–114

27. 增劈拳回身

右劈拳打出，增加此回身；右转180°；右足尖外摆，左足上步扣，形似足八字；双拳握腹前，右转右手递；拳从嘴角出，左拳右上出；双拳胸前抱，两拳变阳拳；右足垫步进，右拳同向前；左拳右上钻，龙虎熊鸡抱，可成四象全；左掌向前拍，右掌向回撤，撤到腹脐前；右撑勿露肘，三体左式同。（图5-115～图5-118）

图5-115

图5-116

图5-117

图5-118

28. 无极收式

后足进步跟，两足成直角；左手收到胯，左手护左胯；两掌徐徐落，稍停一呼吸；形同无极式，拳停归原址；静默三呼吸，散步眼上瞄。（图5-119）

首轮同后轮（234轮），规矩不赘述。

图5-119

（动作演示：马凤山）

四、六形拳

五行生变化，即是十二（12）形；大道精与简，六形即够使；一形练精准，技击可长胜；得一万事毕，套路多则惑；巢林站一枝，饮河只一腹。

（一）龙形

宗师孙禄堂，《形意拳学》曰：“龙行拳学者，龙潜再龙升；起弹跳之力，拔长筋骨力。”

1. 无极式

两足成直角，立正姿势站；两手自然垂，心静如子夜；默立三呼吸，无极生万式。（图5–120）

图5–120

2. 太极式

左足须调直，右转半直角；“转乾坤”气升，身内扭气机；虚灵之气充，氤氲气流行；体虚意念静，一气复先天；目视前方靶，审视前左右；身子许下落，双手覆掌起；胸前手抱心，高与胸骨平；手右上左下，食指上下齐；五指俱张开，张顶松沉抓；身压右足踵，右臂齐右踵。（图5–121）

图5–121

3. 三体左

左足进一步，脚与方向顺；左足尖微扣，膝对左足踵；步法真单重，足距与肩等；右掌脐下塌，掌根向前推；掌形抓篮球，又似鹰抓兔；左掌指扎天，食指挑左眉；左前臂平腋，身板右拧斜；右偏半直角，看斜身似正；手动连筋骨，“九要”手上求；武学功在手，塌顶提扣抽；动静有节奏，裹松垂竖缩；起钻落翻清，力则透彼胸。（图5-122）

图5-122

4. 龙潜右式

左足斜横进，后足须调直；足跟须抬起，身子伏下去；小腹压小腿，重心压双膝；右掌膝前按，左掌须抽回；掌根按胯根，左肘横着撑。（图5-123）

图5-123

5. 飞龙升天游

手足位置换，身形向前窜；一尺不嫌短，三尺不嫌长；三潜三升好，量力而弹跳。（图5-124）

图5-124

6. 收式

收于右手伏，左足右手前；右手拉到胯，左掌拍出去；还原三体式，身子徐徐立；双掌徐徐按，收式归无极。（图5-125、图5-126）

图5-125

图5-126

（二）虎形

宗师孙禄堂，《形意拳学》曰：“虎形一气扑，双爪抓口咬；督脉气上升，任脉气下降。”

1. 无极式

立正姿势站，两足成直角；两手自然垂，目视寻地利；身空如通天，静如泰山峰；心中无念想，静立三呼吸。（图5–127）

图5–127

2. 太极式

左足须调直，右转半直角；“转乾坤”气升，身内扭气机；虚灵之气充，氤氲气流行；体虚意念静，一气复先天；目视前方靶，审视前左右；身子徐下落，双手覆掌起；胸前手抱心，高与胸骨平；手右上左下，食指上下齐；五指俱张开，张顶松沉抓；身压右足踵，右臀齐右踵。（图5–128）

图5–128

3. 三体左式

左足进一步，脚与方向顺；左足尖微扣，膝对左足踵；步法真单重，足距与肩等；右掌脐下塌，掌根向前推；掌形抓篮球，又似鹰抓兔；左掌指扎天，食指挑左眉；左前臂平腋，身板右拧斜；右偏半直角，看斜身似正；手动连筋骨，“九要”手上求；武学功在手，塌顶提扣抽；动静有节奏，裹松垂竖缩；起钻落翻清，力则透彼胸。（图5–129）

图5–129

4. 虎蹲左式

左转45°；两掌往前扑，右足即前窜；左足随即跟，靠住右踝骨；脚掌往上扬，两阳拳横撑；左足靠右踝，右足独立撑；此即为虎蹲，两拳面相对；拳心都向上，拳背往下沉。（图5-130）

5. 虎扑左式

右转90°；左足踮半步，右足靠左踝；两拳往上钻，嘴前覆掌扑；左足大前进，右足即跟步；步距不足尺，重心坐右踵；虎口与嘴平，如虎扑倒牛。（图5-131）

6. 虎扑右式

左足先垫步，右足进大步；左足随即跟，步距不足尺；双掌同时扑，如虎扑倒牛；虎口与嘴平，重心坐右踵。（图5-132）

7. 回身式

右转90°；右足往回勾，勾成足八字；左足靠右踝，形成虎蹲式（图5-133）；右转180°；左足左前进，右足随即跟；双掌同时扑，如虎扑猎物，式同第5式。

重复4～7式。

图5-130

图5-131

图5-132

图5-133

8. 收式

左足进步直，右足即跟进；两足成直角；两掌徐徐按，目视身前靶，还原无极式。（图5-134、图5-135）

图5-134

图5-135

（三）熊形

宗师孙禄堂，《形意拳学》曰："熊形能竖项，臂膀力无穷；熊立有威严，纯阴气下降。"

1. 无极式

两足成直角，立正姿势站；两手自然垂，身空通天地；静如昆仑峰，静立三呼吸。（图5-136）

图5-136

2. 太极式

左足须调直，右转半直角；"转乾坤"通天，身内扭气机；虚灵之气充，氤氲气流行；体虚意念静，一气复先天；目视前方靶，审视前左右；身子徐徐落，双手覆掌起；胸前手抱心，高与胸骨平；手右上左下，食指上下齐；五指俱张开，张顶松沉抓；身压右足跟，右臀齐右踵。（图5-137）

图5-137

3. 三体左式

左足进一步，足与方向顺；左足尖微扣，膝对左足踵；步法真单重，足距与肩等；右掌脐下塌，掌根向前推；掌形抓篮球，又似鹰抓兔；左掌指扎天，食指挑左眉；左前臂平腋，身板向右斜；看斜身似正，右偏半直角；手动连筋骨，“九要”手上求；武学功在手，塌顶提扣抽；裹松垂竖缩，起钻落翻清；动静有节奏，力透彼身胸。（图5-138）

4. 鹰捉左式

左转45°；左足斜垫步；左掌落小腹，右掌往左探，位在左膝前；右足跟欠起，重心压左踵；足距约一尺，确保左单重。（图5-139）

5. 熊竖项右式

左内右掌外，两掌变覆拳；双拳往回撤，顺嘴往上钻，拳高与鼻平；左足右垫步，目视右前靶。（图5-140）

6. 鹰捉右式

右转90°，右足右前进；左掌往右探，位在右膝前；左足跟欠起，重心压右踵；足距约一尺，确保右单重。（图5-141）

图5-138

图5-139

图5-140

图5-141

7. 回身式

右足往左扣，右转180°；左足靠右踝，形成熊蹲式（图5–142）；左足左前进，右足随即跟；右掌往下拍，位在左膝前；右足右跟进，如熊扑猎物，式同第4式。

重复4～7式。

8. 收式

回身足进直，右掌脐下按；左掌出劈拳，成左三体式；左足合右足，收成无极式。（图5–143、图5–144）

图5–142

图5–143

图5–144

（四）马形

宗师孙禄堂，《形意拳学》曰：“马形冲撞也，意诚而心正；心正则理直，理直拳无妄。”

1. 无极式

立正姿势站，两足成直角；两手自然垂，身空通天地；静如昆仑峰，静立三呼吸。（图5–145）

图5–145

2. 太极式

左足须调直，右转半直角；“扭转乾坤”气，身内导气机；内充虚灵气，氤氲气流行；“虚无真气从，一气待流行；目视前方靶，审视前左右”；身子徐下落，双手覆掌起；胸前手抱心，平与胸骨齐；手右上左下，食指上下对；五指俱张开，张顶松沉抓；身压右足踵，右臀齐右踵。（图5-146）

图5-146

3. 三体左式

左足进一步，足与方向顺；左足尖微扣，膝对左足踵；步法真单重，足距与肩等；右掌脐下塌，掌根向前推；掌形抓篮球，又似鹰抓兔；左掌指扎天，食指挑左眉；左前臂平腋，身板向右斜；看斜身似正，右偏半直角；手指连筋骨，“九要”手上求；武学功在手，塌顶提扣抽；裹松垂竖缩，动静有节奏；起钻落翻清，力透彼胸背。（图5-147）

图5-147

4. 四象聚一身

左掌握拳缩，拧裹一小圈；小指根钻天，高在口鼻平；右拳向里裹，右肘向右撑，右上臂水平；双拳齐出钻，聚在口鼻前；双拳都是阳，右在左腕后；左足垫步进，左斜半直角；右足即跟进，靠住左踝骨；重心压左踵，右足掌上扬；一气聚一身，吸气式瞬停；龙升虎抱头，熊膀鸡独立；四象聚一身，六合九要从。（图5-148）

图5-148

5. 马形左裹式

拳内扣翻，左手钻向前；右手附腕后，左足大进步；右足随即跟，足距一脚半；前直后半斜，双拳向内扣；双肘向前撞，左前右附后；拳肘都平颈，目视身左右。（图5–149）

6. 马形右裹式

双掌钻向前，右前左附后；右足靠左踝，脚掌向上扬；龙虎和熊鸡，四象合一身；右足大步进，双拳内下扣；双肘向前撞，右前左附后；拳肘都平颈，目视身左右。（图5–150）

7. 回身式

双拳收到腹，两拳背向下；右转90°，左足尖内扣，两足扣八字（图5–151）；两拳扣肘撑，左足靠右踝；右转90°，左足进大步，马形左式撞；右足随即跟，步距约两脚；前直后半斜，目视身左右，式同第5式。

重复4～7式。

8. 收式

左足合右足，两足成直角；双掌喉下按，心中空洞洞；空静三呼吸，散步目上看。（图5–152、图5–153）

图5–149

图5–150

图5–151

图5–152

图5–153

（五）猴形

宗师孙禄堂，《形意拳学》曰："猴形一气静，蹿蹦跳跃灵。"逆时针一周，"右前左起"蹲；四隅树上玩，"右摘桃窜崩，蹲身啃蜜桃；捯绳爬树窜，第一隅挂印"；"右左右左"序，四四十六手。

图5-154

1. 无极式

立正姿势站，两足成直角；两手自然垂，身空通天地；静如昆仑峰，默立三呼吸。（图5-154）

2. 太极式

左足须调直，右转半直角；呼吸"转乾坤"，转体扭气机；"虚灵"气充身，氤氲气流行；虚无真气从，静为天下正；目视前方靶，审视前左右；身子徐徐落，双手覆掌起；胸前手抱心，高与胸骨平；手右上左下，食指上下对；五指俱张开，张顶松沉抓；身压右足踵，右臀齐右踵。（图5-155）

图5-155

3. 三体左式

左足进一步，足与方向顺；左足尖微扣，膝对左足踵；步法真单重，足距与肩等；右掌脐下塌，掌根向前推；掌形抓篮球，又似鹰抓兔；左掌指扎天，食指挑左眉；左前臂平腋，身板向右斜；看斜身似正，右偏半直角；手动连筋骨，"九要"手上求；武学功在手，塌顶提扣抽；裹松垂竖缩，动静有节奏；起钻落翻清，力透彼胸背。（图5-156）

图5-156

4. 猴形捯倒绳

身向右前跳，左转135°；左裹左摘桃，左啃桃猴蹲；左右左捯绳，左跳右进步，右挂印猴望。（图5-157）

5. 猴形啃桃

右裹右摘桃，右啃桃猴蹲；右左右捯绳，右跳左进步；右左挂印猴望。（图5-158）

6. 猴形挂印左式

左裹左摘桃，左啃桃猴蹲；左右左捯绳，左跳右进步；右挂印猴望。（图5-159）

7. 猴形挂印右式

右裹右摘桃，右啃桃猴蹲；右左右捯绳，右跳左进步；右左挂印猴望。（图5-160）

8. 猴形爬杆

左裹左摘桃，左啃桃猴蹲；左右左爬杆，左跳右进步；左挂印猴望。（图5-161）

图5-157

图5-158

图5-159

图5-160

图5-161

9. 收式

左裹左摘桃，右转135°，左啃桃猴蹲；左进三体式，胸中空洞洞；左足合右足，两足成直角；双掌颌下按，气自胸中降；静立三呼吸，散步目上看。（图5–162、图5–163）

图5–162

图5–163

（六）鸡形

宗师孙禄堂，《形意拳学》曰："鸡形能独立，有抖翎之威。"在上天为风，在易经为巽，巽卦一阴入，踝上都是阳；步法宜轻灵，手法宜刚硬；身内虚静空，外紧如铁球。

1. 无极式

立正姿势站，两足成直角；两手自然垂，空如通天地；心内无念想，静立三呼吸。（图5–164）

图5–164

2. 太极式

左足须调直，右转半直角；呼吸“转乾坤”，转体扭气机；“虚灵”气充身，氤氲气流行；虚无真气从，静为天下正；目视前方靶，审视前左右；身子徐徐落，双手覆掌起；胸前手抱心，高与胸骨平；手右上左下，食指上下对；五指俱张开，张顶松沉抓；身压右足踵，右臀齐右踵。（图5-165）

图5-165

3. 三体左式

左足进一步，足与方向顺；左足尖微扣，膝对左足踵；步法真单重，足距与肩等；右掌脐下塌，掌根向前推；掌形抓篮球，又似鹰抓兔；左掌指扎天，食指挑左眉；左前臂平腋，身板向右斜；看斜身似正，右偏半直角；手动连筋骨，“九要”手上求；武学功在手，塌顶提扣抽；裹松垂竖缩，动静有节奏；起钻落翻清，力透彼胸背。（图5-166）

图5-166

4. 金鸡下势

左足前垫步，身子放低坐；左掌往前伸，右掌绕左跟；左掌往前伸，右足向前落；此式伴呼气，意在踵下沉；右足进三步，左足三次跟；右掌绕三匝，左掌不抽回；一次一下沉，右足艮脚静。（图5-167）

图5-167

5. 金鸡食米

右拳立着出，拳高与心平；左掌按右腕，重心仍在后；目视捶前靶，身势往下沉；出拳伴呼气，意在踵下沉。（图5-168）

6. 金鸡抱翅

右转90°，胸前裹抱撑；两拳右抱左，高度在嘴前；两足智能调，两膝对脚心；目视身前靶，掌根脚跟沉；裹肘伴呼气，意在踵下沉；两足骑马式，两膝垂足跟。（图5-169）

7. 金鸡抖翎

整体右转跳，如蹦大气球；右拳如炮拳，拳背靠额头；左拳往下抻，左肘胯前撑；右转90°，目视右靶标；抖翎伴吸气，刹那身手成。（图5-170）

8. 金鸡上架

右手左下插，掌背护左股；左掌往上穿，掌心护右颊；左足右前落，右足靠左踝；脚掌向上扬，身如绳捆绑；此式伴呼气，瞬时身手成；目视右前靶，身内空洞洞。（图5-171）

图5-168

图5-169

图5-170

图5-171

9. 金鸡报晓

右掌往上挑，高与头顶平；虎口向上张，方向正前方；左掌往下撸，护住左腰胯；右足向前进，近似劈拳步；报晓伴吸气，刹那身手成；目视右前靶，身内空洞洞。（图5–172）

10. 劈拳左式

右掌不动位，左足靠右踝，脚掌往上扬；左足即趟进，宁扣不外敞；右掌往回搂，按在脐下沉；左掌从嘴出，规矩同劈拳；出手伴呼气，胸前覆掌拍；目视手前靶，身内空洞洞。（图5–173）

11. 劈拳右式

左掌抽回肋，即向左前出；右掌裹钻出，停在左腕上；右足向前跟，靠住左踝骨；脚掌向上扬，随即趟进步；右掌向前拍，步距约尺余；重心坐后踵，不能向前倾。（图5–174）

12. 金鸡食米

右掌回出绕，按在右胯根；右足抬即落，左足虚步跟；左掌往前拍，身势往下沉；艮脚伴呼气，意在踵下沉；右拳立着出，拳高与心平；左掌按右腕，重心仍在后；目视前左右。（图5–175）

图5–172

图5–173

图5–174

图5–175

13. 金鸡抱翅

身体向右转，胸前裹抱撑；两拳右抱左，高度与口平；两足智能调，两膝对脚心；目视身前靶，掌根脚跟沉；抱翅伴吸气，意在踵下沉；两足骑马式，沉身伴呼气。（图5-176）

14. 金鸡抖翎

整体右跳转，如蹦大气球；右拳如炮拳，拳背靠额头；左拳往下抻，左肘胯左撑；身子右扭正，目视右靶标；抖翎伴吸气，刹那身手成。（图5-177）

15. 金鸡上架

右手往下插，掌背护左股；左掌往上穿，掌背护右颊；左足右前落，右足靠左踝；脚掌向上扬，身如绳捆绑；上架伴呼气，瞬时身手成；目视右前靶，身内空洞洞。（图5-178）

16. 金鸡报晓

右掌往上挑，高与头顶平；虎口向上张，方向正前方；左掌往下撸，护住左肾腰；右足向前进，步距一尺余；报晓伴吸气，刹那身手成；目视右前靶，身内空洞洞。（图5-179）

图5-176

图5-177

图5-178

图5-179

17. 劈拳左式

右掌不动位；左足靠右踝，脚掌往上扬；左足即趟进，宁扣不外敞；右掌往回搂，按在脐下沉；左掌从嘴出，规矩同劈拳；左劈伴呼气，胸前覆掌拍；目视手前靶，身内空洞洞。（图5–180）

图5–180

注：从金鸡食米，到劈拳左式；再重复两遍，为鸡形四把。

18. 收式

左足合右足，两足成直角；双掌徐徐落，心中空洞洞；静立三呼吸，散步目上看。（图5–181）

图5–181

（动作演示：王德龙）

五、八式拳

八式即连环，不同排列拳。二者自选一，下功夫即可；都练当然好，时间允许行；天地生万物，基本元素同；进退滚铁球，中轴不能动；内外一整体，六合不破体；重心坐后足，腰胯有支撑；拳从心尖出，以中击彼中；练拳打实战，眼毒手灵妙；节奏如呼吸，静为动之母；形正手张顶，神气能唤醒；形神不忘守，内守养元神！手不忘抓握，导引真气存；虚无养元气，元气从基因。

1. 无极式

立正姿势站，两足成直角；两手自然垂，方向与拳直；空如通天地，静如泰山立；心内无念想，静立三呼吸。（图5-182）

2. 太极式

左足与拳直，两足半直角；身子下蹲缩，身压右足踵；身内“虚灵”气，氤氲智能流；胸前阴阳鱼，右上左为下；两掌与心平，两肘裹护肋；目视手前方，观察身前靶。（图5-183）

图5-182

图5-183

3. 三体左式

左足进一步，足与方向顺；左足尖微扣，膝对左足踵；步法真单重，足距与肩等；左肘平左乳，左前臂水平；左掌似直立，食指挑左眉；右掌脐下按，食指挑眼框；右前臂水平，右肘向右撑；两掌似鹰爪，内功手上求；张顶抓空抠，启动“六九”功；步法真单重，虚起身不动；步距随自然，重心垂后踵；前膝垂前踵，后膝垂足掌；身高为最佳，不论老中少；前足微内勾，以防敞裆弊；身内无念想，内外如静水。（图5-184）

图5-184

4. 鹞子入林

右足进大步，左足随即跟；两拳胸前裹，右抱左平颌；左足靠右踝，脚掌向上扬。（图5-185）

图5-185

5. 定步左炮拳

进步右覆拳；左覆拳平心，右肘底下藏；两足三才步，步距一尺余；身体整如球，心中空洞洞。（图5-186）

图5-186

6. 进右步崩拳

撤右足拳定；退左步交叉，进右顺崩拳；左足担体重，左肘向左撑；左拳眼水平，足距不足尺；（图5-187）

7. 金鸡独立

右拳出即回，右足跳起落；左掌随即拍，左足靠右踝；体重落右足，左掌拍死牛；独立伴呼气，心中气下沉。（图5-188）

8. 金鸡食米

右拳立着出，拳高与心平；左掌按右腕，重心仍在后；目视捶前靶，身势往下沉；食米伴吸气，意在挑右拳。（图5-189）

9. 定步炮拳

双掌都搂回，靠在小腹旁；左足半直角，右足右拳出；左拳额上横，左肘向前撑；身体压左踵，心中空洞洞。（图5-190）

10. 龙虎相交

左拳崩拳出，右拳拉回胯；靠着脐右腹，右肘身外撑；右拳左足交，相交伴吸气；左足落原处，落足伴呼气；右拳拉回胯，左拳崩拳出；重心压右踵；心中气下沉。（图5-191）

图5-187

图5-188

图5-189

图5-190

图5-191

11. 左拳包裹

右转90°，左臂裹胸前；右肘向外撑，右拳右胯横；左足合右足，虚着傍右踝；静如站右桩，心中气下沉。（图5-192）

12. 顺步崩拳

右拳右足进；左足即跟进，步距半尺余；重心压左踵，心中气下沉。（图5-193）

13. 白鹤亮翅

左足向左开，一脚即合宜；左转90°，覆拳心前合，从上往外开；拳背都下砸，平肩再下落（图5-194）；右拳砸左掌，脐下有微停；右足向左撤，近似八字形；目视腹前靶，眼神向下瞄；重心压左踵，心中气下沉。

14. 起步左炮拳

右转90°；左足进一尺，定步左炮拳；炮拳伴吸气，重心压右踵。（图5-195）

15. 鹞子右钻天

右拳落胯前，左拳变覆拳；右拳左上钻，高度与头平；右足进一步，右拳钻右前；左足随即跟，两脚似平行；重心压左踵，心中气下沉。（图5-196）

图5-192

图5-193

图5-194

图5-195

图5-196

16. 鹞子翻身

左转180°，右足向左勾；两足扣八字，重心压右踵；右拳面前搂，搂到右胯上；左拳向左挑，拳高与脐平；目视左前靶。（图5-197）

17. 白马抖毛

4至16式，重复练一遍；再加练两手，金鸡独立式；右转90°，右足开右步，步距一尺余；两肘左右抖，如白马抖毛。（图5-198）

18. 收式

左足合右足，两足成直角；双掌颌下按，心中气下沉；静立三呼吸，散步目上瞄。（图5-199）

图5-197

图5-198

图5-199

（动作演示：王德龙）

六、杂式捶简化版

杂式捶简学，六形拳连演；练进退变化，求极其灵妙；达到无意中，本能出真拳。

1. 无极式

立正姿势站，两足成直角；两手自然垂，方向与拳直；空如通天地，静如泰山风；心内无念想，静立三呼吸。（图5-200）

2. 太极式

左足与拳直，两足半直角；身子下蹲缩，身压右足踵；身内“虚灵”气，氤氲智能流；胸前阴阳鱼，右上左为下；两掌与心平，两肘裹护肋；目视手前方，审视身前靶。（图5-201）

3. 三体左式

左足进一步，足与方向顺；左足尖微扣，膝对左足踵；步法真单重，足距与肩等；左肘平左乳，左前臂水平；左掌似直立，食指挑左眉；右掌脐下按，食指挑眼眶；右前臂水平，右肘向右撑；两掌似鹰爪，内功手上求；张顶抓空抠，启动“六九”功；步法真单重，虚起身不动；步距随自然，重心垂后踵；前膝垂前踵，后膝垂足掌；身高为最佳，不论老中少；前足微内勾，以防敞裆弊；身内无念想，内外如静水。（图5-202）

4. 鹞子入林

右足进大步，左足随即跟；两拳胸前裹，右抱左平颏；左足靠右踝，脚掌向上扬。（图5-203）

图5-200

图5-201

图5-202

图5-203

5. 四退步劈拳（猫洗脸）

左足后退步，右掌往左搂；右足往后退，左掌往右搂；左足后退步，右掌往左搂；右足往后退，左掌往右搂；重心压后足，目视随拳头；心内无念想，一气自然流。（图5–204）

6. 乌龙倒取水

双拳心前砸；右外包住左，双拳上下砸；外落内拳起，外起内拳落；目视胸前靶，心内空洞洞。（图5–205）

7. 燕子抄水

左足前垫步；两拳颏前抱，左内右在外；拳高与颏平，右转90°；身下左仆步，左拳随腿伸；伸到左膝前，高平左膝盖；右拳抱左拳，胸前如抱婴；两拳如亮翅，左右拳下砸；右足过步进，左足靠右踝（图5–206）；右掌抱左拳，两拳脐下砸。

8. 左进右崩拳

左转90°；拳顶足也顶，右拳从心出；左拳落脐旁，重心压后踵；心内空洞洞，目视前靶标。（图5–207）

图5–204

图5–205

图5–206

图5–207

9. 退步左崩拳

右足后撤步，左足过步撤；左拳从心出，重心压膝窝。（图5-208）

10. 顺步右崩拳

右足大步进，左足随即跟；右拳从心出，目视手前靶；左拳落脐旁；重心压左踵，胸虚如太空。（图5-209）

11. 白鹤大亮翅

左步向左撤，左转90°；两拳外开砸，拳背都向下（图5-210）；砸到小腹前，右掌接左拳；右足往左撤，近似八字形；目视手前靶，低头向前看。

图5-208

图5-209

图5-210

图5-210附图

12. 定步双展翅

右转90°，打击右炮拳；左拳从心出，右拳靠额前；左进一定步，此即左炮拳。（图5-211）

图5-211

13. 四退步劈拳

左足后退步，右掌往左搂；右退左足后，左掌往后搂；左足后退步，右掌往左搂；右退左足后，左掌往后搂。（图5–212）

14. 乌龙倒取水

双拳上下晃，右外左在内；上晃上至眉，下晃到脐平。（图5–213）

图5–212

图5–213

15. 青龙右探爪

右掌从腮出，拍打面前人。（图5–214）

16. 鹰捉左足进

随即往回撤，近似八字形；右掌收到腹，双掌往前抓。（图5–215）

图5–214

图5–215

17. 推窗左望月

右定进左足；左手横掌推（五指向右）；右掌脐下按，目视左掌前。（图5–216）

18. 三盘落地

右足右移步；两掌按两胯，掌根沉到踵；虎口两相对，两肘左右撑。（图5–217）

图5–216

图5–217

19. 懒龙卧道

左转90°，横着右足进；左膝顶右窝，左足对右踝；两腿剪子股，左拳向前进；右肘压左拳，重心压两膝；右拳背向下，掌根向下沉。（图5–218）

图5–218

20. 乌龙搅翻江

左足进大步，左拳向左挑；右拳右后撑，步似劈拳步；重心压右踵，目视身前靶。（图5-219）

图5-219

21. 定步崩拳

右拳从心出，右立拳平心；左拳落脐旁，肘撑拳面阳；重心压右踵，前视审环境。（图5-220）

22. 龙虎相交

右转左裹拳，拳与口水平；逆步右崩拳，左右交换拳；右足起会拳（图5-221）；右足身前落，顺步右崩拳；式同第10式，见图5-209。

23. 白鹤亮翅

左转90°，左步向左撤；两臂外展砸，拳背都向下（图5-222）；砸到小腹前；右转90°，右拳砸左掌，丁步跟右足；低头向前看，体重压左足；胸中空洞洞，虚无气下沉。

图5-220

图5-221

图5-222

24. 定步双展翅

右足向前迈，定步左炮拳；右足回艮脚，两拳脐下砸；左拳从心出，右拳额前放，定步左炮拳；体重压右足，身虚气下沉；目视手前靶，胸中空洞洞。（图5-223）

25. 四退步劈拳

左足后退步，右掌往左搂；右退左足后，左掌往后搂；左足后退步，右掌往左搂；右退左足后，左掌往后搂；体重压右足，身虚气下沉；目视手前靶，胸中空洞洞。（图5-224）

26. 乌龙倒取水

双拳上下晃，右外左在内；上晃上至眉，下晃到脐平；体重压右足，身虚气下沉；目视手前靶，胸中空洞洞。（图5-225）

27. 活步崩拳

左步往后撤，右撤跐着步；左先活步进，右前顺崩拳；重心压左踵，身虚气下沉；目视手前靶，胸中空洞洞。（图5-226）

28. 风摆荷叶

左右左右步，左转90°；双掌右摆左，再从左摆右；重心右左右。（图5-227）

图5-223

图5-224

图5-225

图5-226

图5-227

29. 鹞子钻天

左转90°；右拳头上钻，右肘与肩平；左拳右肘下，拳背向上顶；胸中如抱婴，目视右拳锋。（图5–228）

图5–228

30. 鹞子翻身

左转180°，右掌面前拦；左足左进步，出手左挑拳；拳高与膝平，右拳腹右撑；重心压后踵，步法如劈拳；目视手前靶，胸中空洞洞。（图5–229）

图5–229

31. 活步鸡独立

进步左右左，右掌下上绕；一圈一步按，右足一圈落；左足虚着进，左掌扶右腕；左掌直按着，右掌落脐旁；重心压右踵，目视手前靶。（图5–230）

图5–230

32. 白马抖毛

左转90°，右足往右撤；双肘抖一抖，拳根往下沉；臀胯后坐正，目视身前靶。（图5-231）

33. 收式

左足合右足，两足成直角；双掌颏下按，心中空洞洞；空静三呼吸，散步目上瞄。（图5-232）

图5-231

图5-232

（动作演示：王德龙）

第六篇　枪学新篇

器械是先天，已有数万年；枪为百兵王，负荷最适中；枪刀下功夫，三月可见效；宗师传奇枪，套路短而精；大道精与简，枪道一以贯；长枪贵短用，前把须过中；若想枪长用，后把合前把；眼毒手精巧，练枪应实战；练枪按摩手，肱股力量增；手强身自健，武学手足练。

一、奇枪

（一）目录

1. 太极枪
2. 白鹤亮翅
3. 三卷枪
4. 青龙缩尾
5. 枪里加棒
6. 珍珠倒卷帘
7. 拨云见日
8. 黑虎出洞
9. 流星赶月
10. 青龙缩尾
11. 青龙掉尾
12. 龙虎相交
13. 青龙献爪
14. 青龙返首
15. 搅拿卷枪
16. 两肋穿梭
17. 青龙缩尾
18. 枪里加棒
19. 珍珠倒卷帘
20. 金梁架海
21. 海底捞月
22. 铺地锦
23. 巧女纫针
24. 金鸡食米
25. 流星赶月
26. 金蝉脱壳
27. 二郎担山
28. 倒退连环
29. 搅拿枪
30. 八步赶蟾
31. 金鸡食米
32. 青龙缩尾
33. 枪里加棒
34. 海底栽花
35. 苍龙摆尾
36. 玉柱擎天
37. 搅拿进枪
38. 白鹤亮翅
39. 无极收式

（二）学练规范

1. 太极枪

左手持枪立，右掌行敬礼；两足成直角，右掌指插地；空如星月夜，静如山妆雪；耳目无所感，心神得安然；静默三呼吸，开始练奇枪。（图6–1）

2. 白鹤亮翅

枪在胸前抱，心诚敬守一；头上绕“8”字，手持中平枪；步出斜长方，身压右足踵；右掌握枪把，高度与腰平；左掌握枪中，高度与心平；目视身前靶，神态稳如山。（图6–2、图6–3）

图6–1

图6–2

图6–3

3. 三卷枪

右足左后插，左拨格挡枪；左足向前进，翻臂拧拿扎；右足左后插，左拨格挡枪；左足向前进，翻臂拧拿扎。（图6-4～图6-7）

图6-4

图6-5

图6-6

图6-7

4. 青龙缩尾

膝前停拉枪，左膝上抬平；足面向下垂，藏于右膝下；目视身前靶，神态稳如山。（图6-8）

5. 枪里加棒

跳起打枪把，右前斜方步；目视身前靶，神态稳如山。（图6-9）

6. 珍珠倒卷帘

左右绕枪花，步法左右退；目视身前靶，神态稳如山。（图6-10）

图6-8

图6-9

图6-10

7. 拨云见日

右转180°，左足向前进；右把握住枪，枪身头上举；目视身前靶，神态稳如山。（图6-11）

图6-11

8. 黑虎出洞

右把向下压，右把向前送；枪扎奔咽喉，右把须过心；目视身前靶，神态稳如山。（图6-12、图6-13）

图6-12

图6-13

9. 流星赶月

左足前垫步，右足离地崩：枪扎奔咽喉，右把须过心；目视身前靶，神态稳如山。（图6–14）

图6–14

10. 青龙缩尾

膝前停拉枪，左膝上抬平；足面向下垂，藏于右膝下；目视身前靶，神态稳如山。（图6–15）

11. 青龙掉尾

右足进一步，左转180°；枪身右后背，身压右足踵；目视身前把，神态稳如山。（图6–16）

图6–15

图6–16

12. 龙虎相交

身压左足跟；左掌向前伸，右足向前踢；枪把向上转，然后向下砸；竖枪身后背，目视身前靶。（图6-17、图6-18）

图6-17

图6-18

13. 青龙献爪

左掌向前伸，枪在身后背；向前走三步，身压后足催；目视身前靶，神态稳如山。（图6-19、图6-20）

图6-19

图6-20

14. 青龙返首

枪把向前挑，然后向左扫；右转90°，枪把向右撩；眼随枪把瞧；枪把来领劲，顺时一立圆；右转180°，左右跳换步；左脚落在前，枪身继续转；立圆变平端，眼睛看枪尖；两手沿杆滑，左右灵活换。（图6-21～图6-24）

图6-21

图6-22

图6-23

图6-24

15. 搅拿卷枪

右旋小枪花，右脚向前偷；左脚向前跨，顺势枪左扎；右旋小枪花，重复前动作。（图6-25～ 图6-28）

图6-25

图6-26

图6-27

图6-28

16. 两肋穿梭

两足左进步，枪尖向左扎；枪把向右戳，右转180°；右足向后撤，两足扣八字；右跨右弓步，枪尖向右扎；右足扣八字，枪把向左扎；左转180°，两足扣八字；左跨弓蹬步，枪尖向左扎。（图6-29～图6-36）

图6-29

图6-30

图6-31

图6-32

图6-33

图6-34

图6-35

图6-36

17. 青龙缩尾

膝前停拉枪，左膝上抬平；足面向下垂，藏于右膝下；目视身前靶，神态稳如山。（图6-37）

图6-37

18. 枪里加棒

双脚同跳起，左上打枪把；目视身前靶，神态稳如山。（图6–38）

图6–38

19. 珍珠倒卷帘

左右绕枪花，步法左右撤；目视身前靶，神态稳如山。（图6–39）

图6–39

20. 金梁架海

枪身左上举，进步左上挑；双手举枪身，目视身前靶。（图6–40）

图6–40

21. 海底捞月

左足撤大步，右足紧跟随；两足扣八字，枪尖画下弧；迅速上捞起，枪尖直指天；目视身前靶，神态稳如山。（图6–41）

22. 铺地锦

右进左步进，身前砸大枪；枪身平踝上，身压右足踵；目视身前靶，神态稳如山。（图6–42）

23. 巧女纫针

右进蹲坐身，右臂后竖枪；右掌反握枪，身压左足踵。（图6–43）

图6–41

图6–42

图6–43

24. 金鸡食米

右足跳起落，左膝上抬平；右胯中平枪，目视身前靶。（图6–44）

图6–44

25. 流星赶月

落步右窜步，枪身向前扎；目视身前靶，神态稳如山。（图6–45 ~ 图6–48）

图6–45

图6–46

图6-47

图6-48

26. 金蝉脱壳

右掌平举枪，身体枪下钻；目视身前靶，神态稳如山。（图6-49）

27. 二郎担山

枪身放右肩，式如平挑担；目视身前靶，神态稳如山。（图6-50）

图6-49

图6-50

28. 倒退连环

左右倒退步，左右绕枪花；目视身前靶，神态稳如山。（图6-51～图6-53）

图6-51

图6-52

图6-53

29. 搅拿枪

退步搅拿枪，大枪向左扎；枪尖绕小圈，右足前落下；蹲身右歇步，枪身向下压；目视身前靶，神态稳如山。（图6–54）

30. 八步赶蟾

左足前垫步，大枪向左扎；右足连前窜，右足前落下；蹲身右歇步，枪身向下压；目视身前靶，神态稳如山。（图6–55、图6–56）

图6–54

图6–55

图6–56

31. 金鸡食米

右足跳起落，左膝上抬平；右胯中平枪，目视身前靶。（图6–57）

图6–57

32. 青龙缩尾

膝前停拉枪，左膝上抬平；足面向下垂，藏于右膝下。（图6–58）

33. 枪里加棒

双足同跳起，枪把右上打；目视身前靶，神态稳如山。（图6–59）

图6–58

图6–59

34. 海底栽花

左右向后撤，阴枪（前低把高）搅拿退；目视身前靶，神态稳如山。（图6-60～图6-64）

图6-60

图6-61

图6-62

图6-63

图6-64

35. 苍龙摆尾

左右向前进，阴枪搅拿随；急步连三退，快速三搅拿；目视身前靶，神态稳如山。（图6–65、图6–66）

图6–65

图6–66

36. 玉柱擎天

并步立如松，身压右足踵；枪把上戳天；目视身前靶，神态稳如山。（图6–67）

37. 搅拿进枪

左足进一步，枪横在腰间；前挑后把压，枪尖绕小圈；目视身前靶，神态稳如山。（图6–68）

图6–67

图6–68

38. 白鹤亮翅

快速撤左足，举枪绕八字；左足进一步，脐下中平枪；快速向前扎，目视身前靶。（图6–69～图6–72）

图6–69

图6–70

图6–71

图6–72

39. 无极收式

左足向右收，两足站八字；左掌收枪立，右掌行敬礼；净身净垃圾，无极三呼吸。（图6–73）

图6–73

（动作演示：高洪军）

二、八卦枪

枪为百兵祖，技从狩猎始；古之大英雄，赵云岳飞等，都以枪为兵；练握力臂力，练六合整力，以枪为首选；步稳手快灵，眼毒身灵妙；枪身靶成线，胜敌不费难。

明末武艺家，吴殳《手臂录》；论技论枪法，研究极精通；他对石家枪、峨嵋枪、杨家枪、沙家枪、马家枪、八卦枪等名枪，无不技精通，其枪技诀曰：点头枪刺心，扎脐把撩阴；扎膝再扎脚，扎肩左右分；抖枪须锁喉，惊晃乱眼神；枪尖如长眼，刺喉如蛇吞；吴殳论枪技，可谓无出右。

（一）纲要

宗师孙禄堂，《八卦枪学》稿，“不翼而飞走”，至今没出版，真乃大遗憾！大爷孙振川，有传八卦枪，现在流传于，定兴和唐山。没有文字考，联想深研究；启发我灵感，升级此枪法；左右练倒把，长枪多短用；

撤步拦拿拧，进步推枪扎；练枪如实战，眼毒枪技精。单练三分钟，四趟成中和；变化有四八，记住三二（32）变，三四天就成；枪比刀剑重，六合力劲整。

“下爻为走转，中爻为枪身，上爻为手把（握到把跟）”；配合成八变，排列不重招；“拦拿挑格扎，缠黏崩搧戳”；十字为纲要，“前拧后把摇，如蛇锁咽喉”；进跟退撤步，枪法多灵妙！

一轮两分钟，四轮八分钟；运动量合适，中和保健康；八变都好记，排列次序荐。

第一轮八卦枪：乾坤离坎枪，震巽兑艮枪。

第二轮八卦枪：震巽乾坤枪，离坎兑艮枪。

第三轮八卦枪：乾坤震巽枪，离坎兑艮枪。

第四轮八卦枪：离坎乾坤枪，震巽兑艮枪。

结束逆走转，走到原起点；愿增运动量，左右抖八枪；再行抱枪礼，无极收式枪。

注：相邻都相反，水火都既济；四八不重变，好记且实用。“大道都至简”，本能易练出；艮卦做结束，如山能静立。每卦衔接处，不忘挑崩拨；枪动没有空，搧砸格挡戳。

左右双把练，开发左右脑；左手多先老，强健加防疫；手上练强健，武学应寿世。

持枪歌诀：前把握到中，用短绕枪花；后把握到根，用长易得胜；定步喜长用，动步善短用；短用绕枪花，长用扎头颈；放长又击远，出枪在腰胯；后手不露把，露把功夫差。

枪与身合一，整合如坦克；不绕大枪花，速度快一分；“枪头花”贵小，直径小于头；倒把左右使，灵妙枪出神。

前手要抓稳，扎枪方向准；脱把是大忌，前把还要活；松紧随枪变，夺魂一刹那；中平枪是王，最好半马步；招贵中平枪，枪身活阴阳。

前手腕不翻，后肘不用搬；腰腹顶枪身，合力有拿拦；扎枪弓步登，枪力大而准；肩胯似冲拳，合把力达尖；贴身时机抓，神妙不虚发；久练功夫深，临阵方为真。

使枪占六字："崩拨压、盖挑扎"。枪法有三要："眼快和手疾，身步要相随"；临锋目不乱，立身定根基；鼻尖照枪尖，足下照足尖；三尖须相照，帷幄能决胜。

（二）学练规范

1. 无极枪

左把持枪立，形似军立正；两脚正八字，心内空洞洞。（图6–74）

2. 太极枪

（1）太极敬礼枪：举枪胸前抱，右掌抱左拳；心诚如敬佛，枪身要垂直。（图6–75）

（2）右把太极拉枪式：右足右撤步，右手拉枪把；枪身斜向下，防御护其身。（图6–76）

图6–74

图6–75

图6–76

3. 乾卦枪

（1）左把乾卦拦拿枪：左把持阳枪，枪尖须向上；撤步拦拿枪，左把停胯上。（图6–77）

图6–77

（2）左把乾卦扎头枪：前把逆旋绕，左把顺时摇；后把合前把，进步扎头颈；顺时针走转，即是乾卦枪；半圈就换式，犹如阴阳鱼。（图6–78）

图6–78

4. 坤卦枪

（1）右把坤卦拦拿枪：右把握阴枪，枪尖须向下；前把顺时绕，右把逆旋绕；撤步拦拿枪，眼观彼小腹。（图6–79）

图6–79

（2）右把坤卦扎腹枪：左进右足跟，右抬腿扎腹；枪扎彼小腹，逆时针走转；三爻都是阴，即是坤卦枪（坤六断）；半圈就换式，犹如阴阳鱼。（图6–80）

图6–80

5. 离卦枪

（1）左把离卦挑眼枪：左把握枪根，枪尖须向下；举枪高于头，进步挑眼枪；左把高右把，枪尖似蛇吞。（图6-81）

图6-81

（2）左把离卦扎心枪：枪身落到胸，左退右步撤；前把逆时绕，左把顺时摇；右进左步跟，左把扎心枪；顺时针走转，即是离卦枪（离中虚）。（图6-82）

图6-82

6. 坎卦枪

（1）右把坎卦拦拿枪：坎卦拦拿枪，右把枪身阳；左把顺时旋，右把逆时摇；右腿左步撤，退步拦拿枪。（图6-83）

图6-83

（2）右把坎卦扎喉枪：坎卦扎喉枪，后把合前把；左进右足跟，步距自然步；右把往前推，枪尖扎咽喉；枪棒挑右腿，此卦不换把；回身右持枪，逆时针走转；上下都是阴，即是坎卦枪（坎中满）。（图6-84）

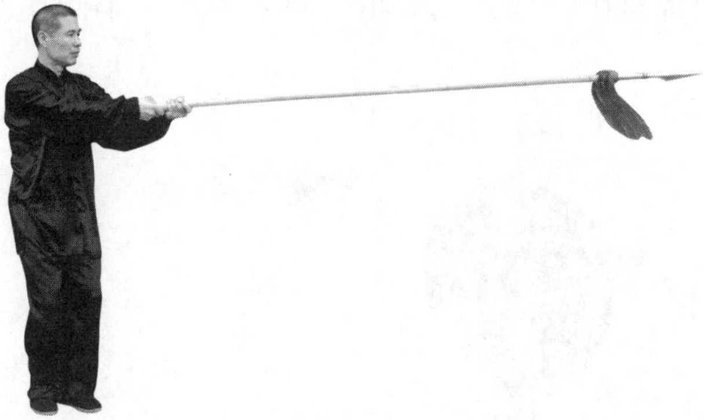

图6-84

7. 震卦枪

（1）右把震卦拦拿枪：震卦拦拿枪，右把枪尖低；前靶顺时绕，右把逆时摇；左进右足跟，震卦拦拿枪。（图6-85）

（2）右把震卦扎踝枪：右退左步撤，右抬腿扎踝；逆时针走转，即是震卦枪（震仰盂）；半圈换左把，枪身搧脑壳。（图6-86）

图6-85

图6-86

8. 巽卦枪

（1）左把巽卦拦拿枪：左把用力握，枪尖须向上；身体向后转，左退右步撤；右抬腿收脚；前靶逆时旋，左把顺时摇。（图6-87）

（2）右把巽卦扎喉枪：右进左步跟，进步扎喉枪；前把右拨枪，逆时圈走转；上中都是阳，即是巽卦枪（巽下断）；半圈换左把，重心压右踵。（图6-88）

图6-87

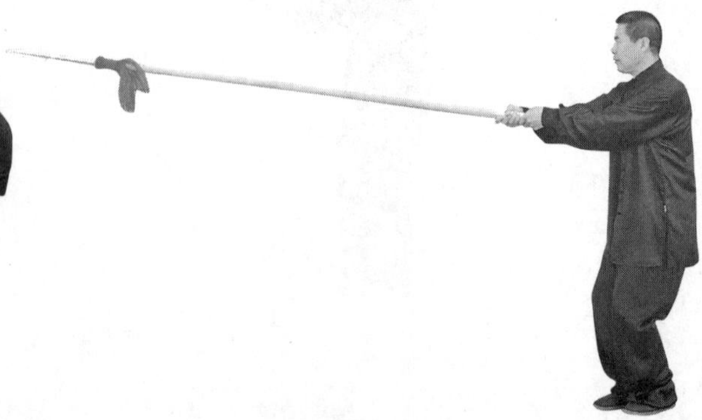
图6-88

9. 兑卦枪

（1）右把兑卦拦拿枪：右把握枪根，枪尖须向上；撤步拦拿枪，右退左步撤；步距自然步，重心压右踵；左把顺时旋，右把逆时摇。（图6-89）

图6-89

（2）右把兑卦扎口枪：左进右步跟，进步扎口枪；眼神前瞄靶，枪尖似蛇吞；顺时针走转，即是兑卦枪（兑上缺）；半圈就换式，重心压右踵。（图6-90）

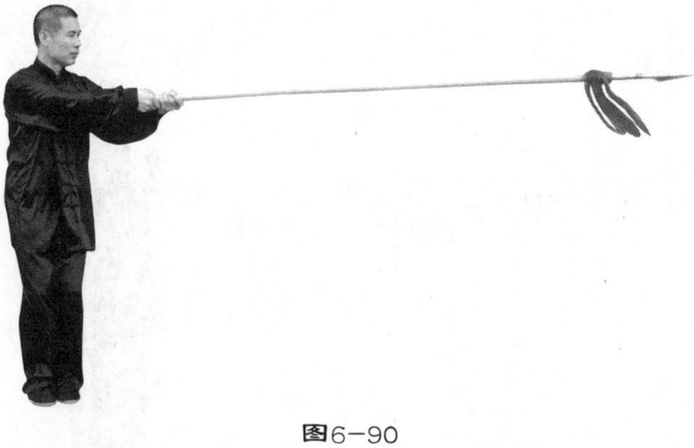

图6-90

10. 艮卦枪

（1）左把艮卦枪加棒：右把换左把，枪尖须向下；右进挑步转，左把打彼头。（图6–91）

（2）左把艮卦扎手枪：左退右步撤，左足抬起来；合把扎左手（彼），转身挑右把；逆时针走转，即是艮卦枪；半圈停起点，重心压右踵。（图6–92）

图6–91

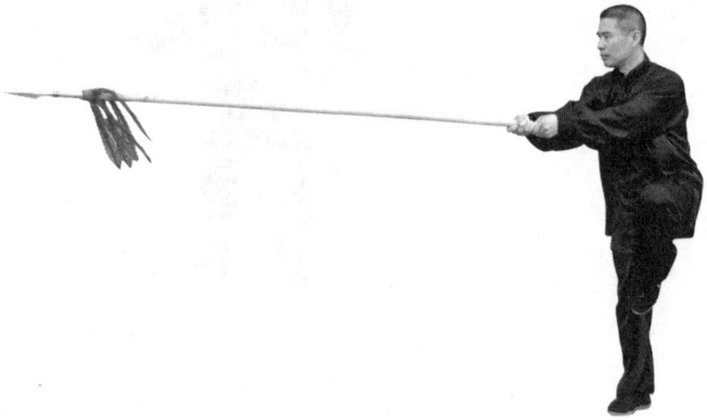

图6–92

11. 收式敬礼枪

结束逆走转，愿增运动量；左右抖八枪，再行抱枪礼。（图6–93）

图6–93

12. 无极收式枪

校正原起点，左把持枪立；两足正八字，意念心内藏；静默三呼吸，散步目上瞄。（图6–94）

注：八卦枪八变，可称一趟拳；推荐四八变，易记功夫练；八卦讲排列，单双互为反；每卦相邻处，拦拿步进退；合把枪前扎，重复一两次。

图6–94

（动作演示：高洪军）

三、吴殳枪技

（一）目录

1. 四夷宾服势（下中平枪）
2. 指南针势（上中平枪）
3. 苍龙摆尾势（下拨枪）
4. 十面埋伏势（下中平枪）
5. 苍龙摆尾势（下拨枪）
6. 滴水势（左插步下拨枪）
7. 青龙献爪势（上推刺喉枪）
8. 闯鸿门势（长枪短用挡）
9. 铺地锦势（下戳势）
10 .骑龙势（上挑枪）
11. 白猿拖刀势（败势）
12. 推山填海势（挑头枪）
13. 美人纫针势（扎脚势）
14. 抱琵琶势（平肩格挡枪）
15. 鹞子扑鸡势（下扑枪）
16. 太公钓鱼势（挑头枪）
17. 铁牛耕地势（挑裆枪）
18. 灵猫扑鼠势（下砸枪）
19. 铁插杆势（拦腰枪）
20. 缠拦打腿势（下扫枪）
21. 插花枪势（扎腿枪）
22. 霸王伏虎势（扫腿枪）
23. 朝天独立势（右举枪势）
24. 泰山压顶势（左举枪势）

（二）图示

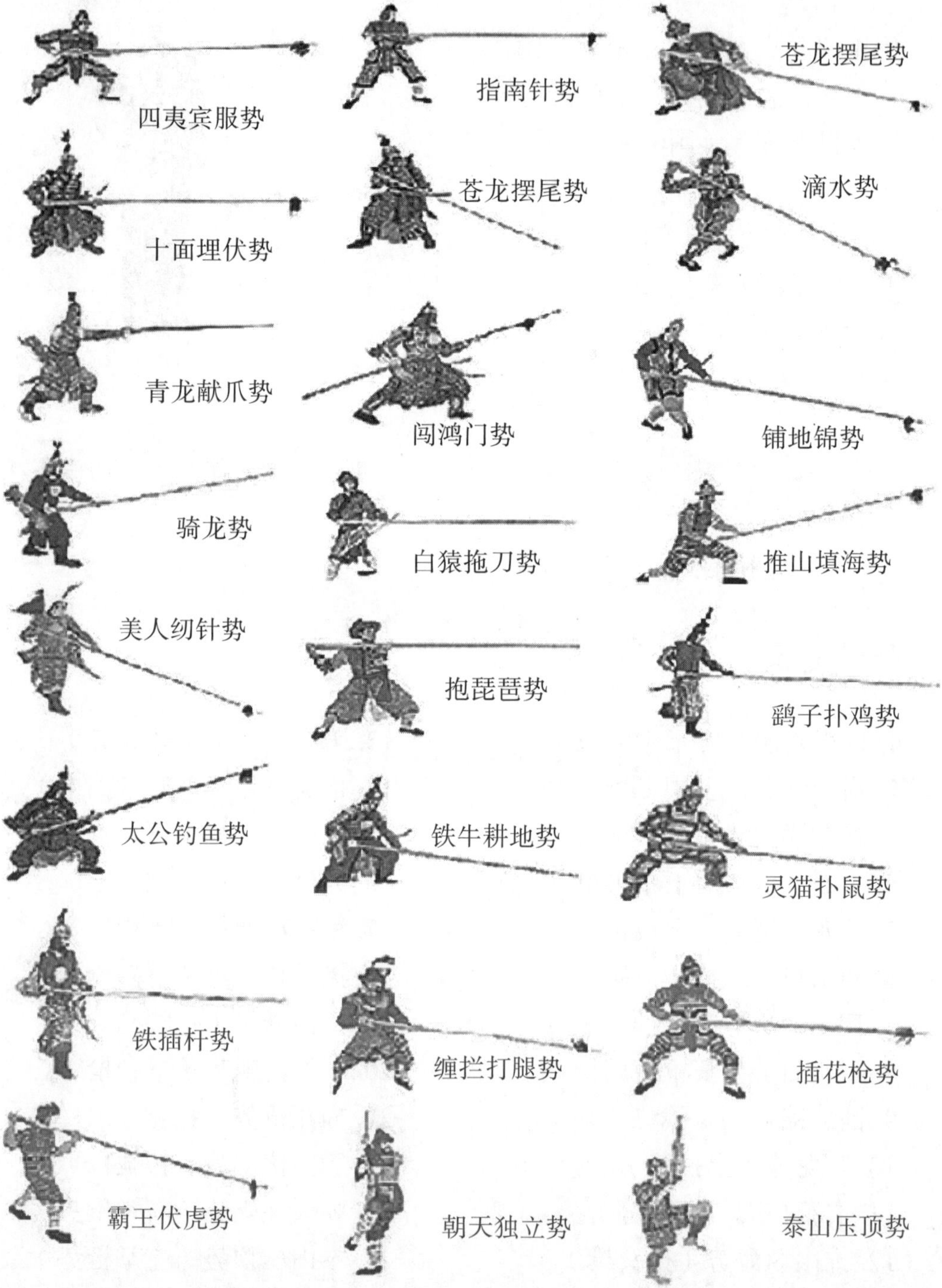
四夷宾服势
指南针势
苍龙摆尾势
十面埋伏势
苍龙摆尾势
滴水势
青龙献爪势
闯鸿门势
铺地锦势
骑龙势
白猿拖刀势
推山填海势
美人纫针势
抱琵琶势
鹞子扑鸡势
太公钓鱼势
铁牛耕地势
灵猫扑鼠势
铁插杆势
缠拦打腿势
插花枪势
霸王伏虎势
朝天独立势
泰山压顶势

第七篇　刀学新篇

孙氏刀学是孙禄堂先生留下的器械套路之一。刀和剑大同，可一式同练，二者有剑如龙、刀如虎的比喻。刀能上下翻飞，也有龙腾之势；剑能劈善抹，也有虎扑之势。刀术形式威猛，沉实迅捷，劈、砍、撩、刺、蹿、扒、翻，身法多变，步伐轻灵，刀路变换难测。

一、雪片刀

孙氏雪片刀，刀猛灵活妙；威猛刀多变，步法多灵妙；劈砍扫撩刺，蹿跃盘崩翻。

（一）目录

1. 无极式
2. 太极式
3. 抱刀穿掌
4. 五花开门（合挑）
5. 双捧手
6. 挡刀
7. 黑虎坐洞
8. 闭门抖刀
9. 叶里藏花
10. 推窗望月
11. 青龙献爪
12. 鹞子入林
13. 妙手背斩
14. 野马跳涧
15. 白蛇吐信
16. 黑虎伏路
17. 青龙转身
18. 三展刀
19. 顺手推舟
20. 青龙回首
21. 青龙转身
22. 青龙现爪
23. 鹞子翻身
24. 风轮刀
25. 黑虎伏路
26. 横扫千军
27. 螺丝刀
28. 仙人背剑
29. 白猿献桃
30. 灵猫扑鼠
31. 硬解刀
32. 翻身剁
33. 古树盘根
34. 黑虎出洞
35. 猛虎归窝
36. 无极还原

（二）学练规范

1. 无极式

左手抱住刀，大拇指在上，三四五指握刀盘，食指直着躺；刀刃冲左前，刀身贴左臂；优选起点位，立正姿势站；两足正八字，右手满张垂；无极心不动，空如游上天；太极气下沉，静如进山谷。（图7–1）

2. 太极式

动作同前式，心意有变化；如同睡刚醒，种子刚发芽。（图7–2）

图7–1

图7–2

3. 抱刀穿掌

两臂抬行礼，覆刀臂下藏；右掌附刀把，两臂一直线；两臂落原位，右足踏地弹；左足前进步，足尖顺方向；步距一小腿，身体向左转；右掌大指蜷，四指并拢伸；向胸前穿出，掌心向上伸；两肘与肩平，左进右足跟；足距多半脚，两足半直角，重压左足踵；目视身前靶，神气尽安详。（图7–3、图7–4）

右足往回撤，重心压右踵；左臂连刀起，右臂落胯旁；右手向前穿，掌似龙舌卷；左臂连刀落，终点左胯旁；右足随着进，落在左足旁。（图7–5、图7–6）

图7–3

图7–4

图7–5

图7–6

左臂连刀起，高与心口平，右臂落胯旁；两足不动位，重心压右足；右掌顺时旋，胯下再穿出，仍如龙舌卷；两足不动位，两腿左弓蹬。（图7–7、图7–8）

左足随即撤，脚尖踮着地，足距一脚半，重心压右踵；左臂连刀起，高与心口平，随即落胯旁，左刀臂下垂；右掌反时落，迅速举头顶，五指俱张开，指掌向左伸；目视身前靶。（图7–9）

图7–7

图7–8

图7–9

4. 五花开门（合挑）

左腿左前踢，左臂左前扬（腿臂同起落）；右腿右前踢，右臂右前扬（腿臂同起落）；左腿左前踢，左臂左前扬（腿臂同起落）；形正则气和，形俱则神生；身体压足踵，起腿足掌蹬；踢腿与肩平，扬掌与口平。（图7-10、图7-11）

5. 双捧手

双臂同抬起，头前换接刀；身体压左踵，目视身前靶。（图7-12）

图7-10

图7-11

图7-12

6. 挡刀

两足原地跳，立刀向前劈；左转覆刀藏，高于左肋平；提刀胸前挡，左掌左胯撑；立刀心前挡，刀把与心平。（图7-13 ~ 图7-15）

图7-13

图7-14

图7-15

7. 黑虎坐洞

右转近45°，左膝前抬平；左掌向右穿，臂下藏刀身；目视身前靶，右腿如桩稳。（图7–16）

8. 闭门抖刀

左足左前落，立刀身前抖；刀身上下立，刀把与脐平；目视身前靶，神态稳如山。（图7–17）

9. 叶里藏花

右转近45°，左膝上抬平；覆刀膝上待，右臂刀上盖；五指半握拳，目视身前靶。（图7–18）

10. 推窗望月

左足左前落，刀缠头过脑，左起向后绕，右上左下斩，覆刀左肋藏；左掌头上推，目视身前靶，神态稳如山。（图7–19）

图7–16

图7–17

图7–18

图7–19

11. 青龙献爪

右足先进步，立刀右抡劈；左掌向前推，刀身平于胯；目视身前靶，神态稳如山。（图7-20、图7-21）

12. 鹞子入林

左膝上抬平，立刀向前刺；左掌头上抬，目视身前靶。（图7-22）

图7-20

图7-21

图7-22

13. 妙手背斩

左足不落地，提刀向后劈；仰刀向前斩，目视身前靶。（图7-23、图7-24）

图7-23

图7-24

14. 野马跳涧

跳步抡立刀，左掌刀上推；目视身前靶，神态稳如山。（图7–25）

15. 白蛇吐信

右足右进步，足距同肩宽；立刀向前刺，高度与肩平。（图7–26）

16. 黑虎伏路

左转近180°，蹲成骑马步；覆刀胯前按，左掌平右腕。（图7–27）

图7–25

图7–26

图7–27

17. 青龙转身

（1）右摆左足扣，右转近180°；右摆左足扣，身体右后转（图7–28、图7–29）

图7–28

图7–29

（2）右摆左足扣，身体右后转；右摆左足扣，身体右后转。（图7–30、图7–31）

（3）左转下蹲身，覆刀胯前按。（图7–32）

图7–30

图7–31

图7–32

18. 三展刀

（1）右足独立起，左股抬平立；两臂平开展，覆刀右后砍。（图7–33）

（2）左右进一步，刀缠头过脑，后左向前绕，覆刀右后砍。（图7–34、图7–35）

图7–33

图7–34

图7–35

（3）左右进一步，刀缠头过脑，后左向前绕，覆刀右后砍。（图7–36、图7–37）

图7–36

图7–37

19. 顺手推舟

左足前进步，刀缠头过脑，由前向左绕，经后再向前；刀尖向身左，覆刀刃朝前，左掌推刀背，两臂与心平，合力向前推，形成左弓蹬。（图7–38、图7–39）

20. 青龙回首

向右后转体，左掌右脸穿；覆刀肘下藏，重心压左踵。（图7–40）

图7–38

图7–39

图7–40

21. 青龙转身

右摆左足扣，身体右后转；右摆左足扣，身体右后转；右摆左足扣，身体右后转；目视身前靶，神态稳如山。（图7-41、图7-42）

图7-41

图7-42

22. 青龙现爪

仰刀右上探，左股抬平藏；左脚膝内藏，目视头上天。（图7-43）

23. 鹞子翻身

仰刀左前劈，高度与心平；左足落下地，右足前直落；重心压左踵，目视身前靶。（图7-44）

图7-43

图7-44

24. 风轮刀

（1）仰刀左上架，刀身与耳齐。（图7–45）

（2）刀刃向后片，仰刀向前撩，同时起左腿，右足向前跳。（图7–46）

（3）刀刃向后砍，随即向前撩，同时起右腿，左足向前跳。（图7–47、图7–48）

图7–45

图7–46

图7–47

图7–48

25. 黑虎伏路

身子左后转，转体一周半；立刀胯前横，左掌扶右腕；目视身前靶，重心压后脚。（图7–49 ~ 图7–51）

图7–49

图7–50

图7–51

26. 横扫千军

蹦起右后转，落地骑马式；平削转一周，随即向前劈；起和削同步，落与劈相合；立刀于腰侧，目视身前靶，身稳如泰山。（图7–52 ~ 图7–55）

图7–52

图7–53

图7–54

图7–55

27. 螺丝刀

左进右足蹬，顺拧带前扎；右进左足蹬，逆转微外挂；搅刀花如碗，碎步直向前；不可低于心，三搅即可变。（图7–56 ~ 图7–59）

图7–56

图7–57

图7–58

图7–59

28. 仙人背剑

右转180°，同时刀平抹；左膝上抬平，仰刀垂后肩；左掌横心前，目视身前靶。（图7–60）

图7–60

29. 白猿献桃

左足前落步，右足进左前；足距仅一脚，立刀劈向前；左掌扶右腕，身压右足踵；目视身前靶，心静有敏感。（图7-61）

图7-61

30. 灵猫扑鼠

右足向前跳，身体右后转；左足右插步，立刀向右劈；刀把与胯平，刀尖与头平；左掌扶右腕，身压右脚踵；目视身前靶，身稳如泰山。（图7-62～图7-65）

图7-62

图7-63

图7-64

图7-65

31. 硬解刀

两足不动位，就地左后转：立刀向上挑，跳步立刀劈。（图7-66）

32. 翻身剁

两足同跳起，向左转半圈；右落三才步，立刀劈向前。（图7-67）

33. 古树盘根

两足位不动，身体左后转；转体又半圈，同时刀抹削；仰刀左怀抱，左掌扶右腕；两腿蹲盘步，身稳如泰山。（图7-68）

34. 黑虎出洞

右足向前进，两足斜长方；仰刀向前捅，目视身前靶。（图7-69）

图7-66

图7-67

图7-68

图7-69

35. 猛虎归窝

右足向右撤，仰刀向右捅；覆刀交左掌，右掌头上举；左足少回撤，此时稍亮相，目视身前靶。（图7–70～图7–72）

图7–70

图7–71

图7–72

36. 无极还原

左足撤回并，两足正八字；身体起立正，右手胯下落；收式到起点，还原无极式。（图7–73）

图7–73

（动作演示：高洪军）

二、即兴八卦刀

刀和剑大同小异。孙氏八卦刀包括8变、16变、64变、独练和对练，都是从孙氏八卦剑换影而来，并以《易经》8卦圆图和64卦方图为蓝本，其文化含量和生理变化非常丰富。

（一）演习阶段

1. 8变和16变对练

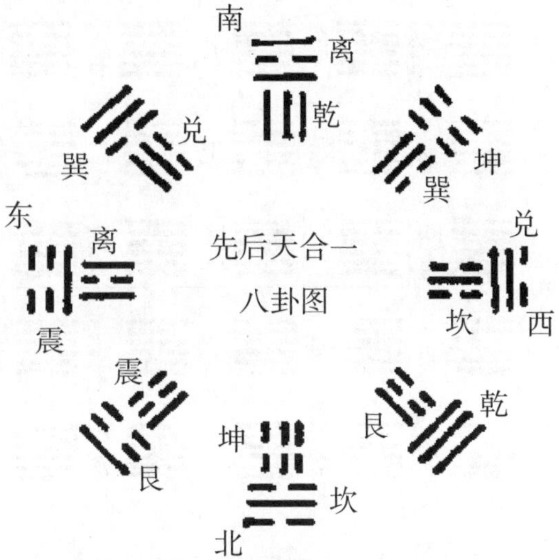

甲练先天八卦刀，变卦位置，以传统《先后天八卦圆图》为蓝本（见右图），序号和走转顺逆为设定：乾1南顺，坤2北逆；坎3西顺，离4东逆；震5东北顺，兑6东南逆；巽7西南顺，艮8西北逆。以上顺逆皆以时针说，以下同。

乙练后天八卦刀，与之对练，变卦位序，以传统《易经》64卦方图为蓝本，序号和甲成对练设定：坎1北顺，离2南逆；震3东顺，兑4西逆；坤5西南顺，乾6西北逆；艮7东北顺，巽8东南逆。此即8变八卦刀。其中，相邻两个序号的顺逆以阳生阳退的变化比较而言。

接上式，乙改练先天卦，甲改练后天卦，此即16变八卦刀对练。

2. 64卦对练

甲重复8轮先天八卦刀，序位同上；乙练8轮变化的八卦刀，其位序以《易经》64卦方图为蓝本，经排列优选，成相邻首尾接龙程序。其中，每轮和64变都没有重复，且首行和尾列都成“乾兑离震，巽坎艮坤”的顺逆全排列，见下图。

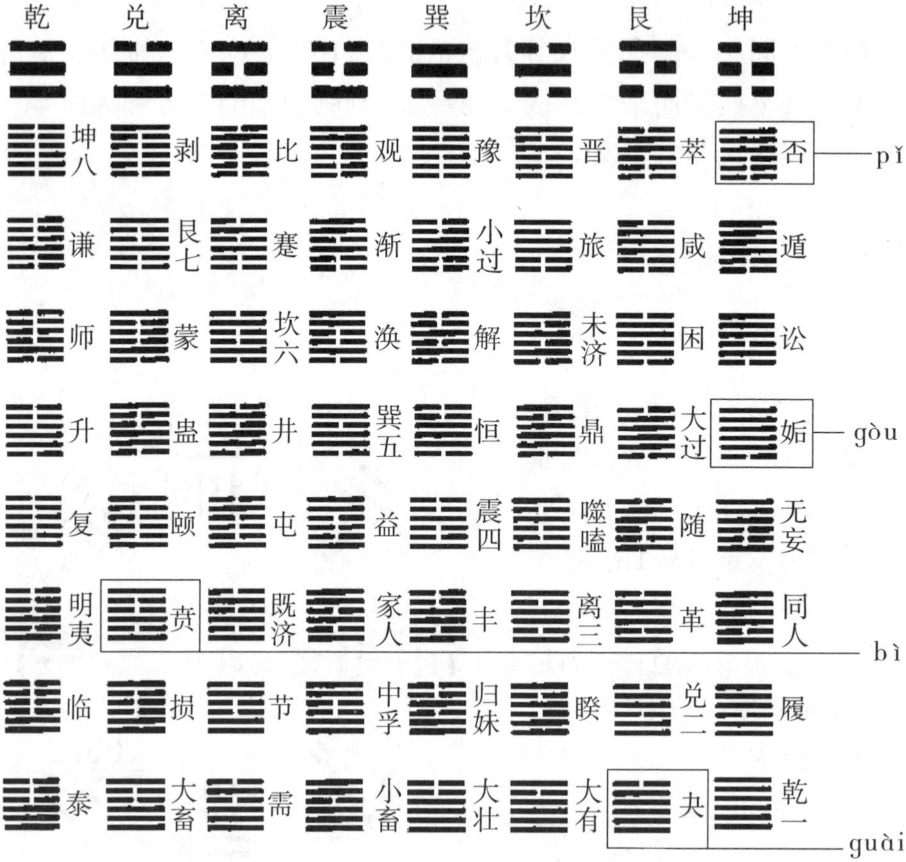

乙每轮走转顺序码的位置不变。其中，单号序（1号北、3号东、5号西南、7号东北）顺时针走转；双号序（2号南、4号西、6号西北、8号东南）逆时针走转。每一式的衔接到设定号位，按顺逆时针方向变式回身走转。

64变与方图对应：如首轮“乾兑离震，巽坎艮坤”对应64卦方图为：“夬睽丰益，井蒙谦坤”；二轮“坤乾震兑，坎巽离艮”对应64卦方图为：“否、大壮、随、节、涣、鼎、贲、艮”；其他对应变化，均可在方图中查出。此排列不是唯一，有时间和兴趣的师友不妨一试。

3. 对练原则

同向走转，重复顺逆；个别变通，同时交锋。其中，“坤、坎、巽”

三个卦顺时针走转时，和“乾、离、兑”三个卦逆时针走转时，都左手持刀；“震艮”两卦都右手持刀。“乾坤坎离兑”五卦，刀尖都冲圆心；“震艮巽”三卦，刀尖都冲切线；虚手要高效帮扶助势；“艮震兑”三刀，起腿后即可顺、逆走转；独练宜慢，不宜快，须细心体会要领和效果，非常熟练后再加快速度。

4.“六合九要”不忘记

演练时，刀把上与眉平，下与腰平，且须保持“胸空腋虚”的空间；八卦刀走转和起腿，要“压住两胯，保持水平”；“腕踝肘膝”要有松顶裹抱的撑劲；走转忌跑，“重心在前为跑，重在后为走”，步距以不移动重心、前膝垂于前足跟为准；刀法的“挑劈撩砍，搜旋扫片”以臀胯主宰，刀与身、刀与力线，合一为要；胸腹忌拧麻花；眼神要随势而“上下远近地扫视”；意念随势循环；每卦必有一秒之静，静要腾挪；程序必须走完，不得一划而过；步法以扣八字、侧八字、斜长方为主，两足横距以足跟不过肩为准；走三步或半周或一周而变，要有约定；起式加敬礼；以艮卦收势，加抖刀再敬礼。

5. 单人独练

8变的先天卦，1分多钟；16变先后天合一卦，2分多钟；“64变刀”，15分钟左右。

（二）实战阶段

要遵循“同向走转，同时交锋；实战若对练，规矩不能失”的原则。

孙氏八卦刀，套路最简约；内合生命理，变化无穷尽；变式变方向，八卦（招）紧相连；持刀如练剑，刀剑招法同；易学易增功，兴趣有新生；走转和裹翻，砍撩和提按；八卦仿方图，六十四变化；不重有排列，程序妙无穷；易学易得劲，三十二变化；优选四轮卦，精简而实用。

面南而开始，乾卦右手刀，走转出坤地；兑卦左手刀，正南而钓鱼；离卦变右手，震卦还右手；巽卦左手刀，坎卦变右手；艮卦右手刀，坤卦用右手。

二轮坤卦始，左手刀反首；乾卦仍左手，震变右手刀；兑卦变左手，坎卦变右手；巽卦左手刀，离卦仍左手；艮卦变右手；图片对照看，左右随自然；并非死规定，其他位循环。

套路推荐：

第一轮八变目录：乾兑离震，巽坎艮坤；1.5分钟时长。

第二轮八变目录：坤乾震兑，坎巽离艮；1.5分钟时长。

第三轮八变目录：艮离巽兑，震乾坤坎；1.5分钟时长。

第四轮八变目录：坎离坤震，艮兑乾巽；1.5分钟时长。

第五轮八变目录：巽乾坎坤，离兑艮震；1.5分钟时长。

第六轮八变目录：震坎兑巽，坤艮乾离；1.5分钟时长。

第七轮八变目录：离坎乾艮，巽震坤兑；1.5分钟时长。

第八轮八变目录：兑坤巽艮，坎震离乾。1.5分钟时长。

全练即64变，12分钟。

一轮到四轮，功夫得恒练；拳家练八轮，教学有资本；八轮不重变，方案可创新。敬呈方家和师友，参考和教正。

三、八变八卦刀

（一）无极式

选择方向站，负阴而抱阳；空如游上天，目视无所观；静如进山谷，耳听无所声；左手抱刀立，刀身贴左臂；默立三呼吸，内守养元神。（图7–74）

图7–74

（二）太极式

半面向左转，两足半八字；虚无有时位，灵妙须轻身；目视横竖线，形正智能生；默立三呼吸，真气氤氲升！两臂胸前抱，右掌扶左拳。（图7–75）

图7–75

（三）乾卦

1. 扫月刀

左足向左跨，足距约二尺；重心压右胯，两足斜长方；右刀头上扫，刀身与眼平；目视刀前靶，侦查彼动静。（图7–76）

2. 扫根刀

右足向左并，两足扣八字；右刀膝前扫，刀身头上举；重心压膝中，目视刀前靶。（图7–77）

3. 乾卦托桃刀

右足右前迈，两足斜长方；右刀头上举，扭臂变老阴；刀身平于肩，刀刃头上应。（图7–78）

图7–76

图7–77

图7–78

（四）兑卦

1. 片膀刀

上步扣右足，两足扣八字；刀向右膀片，目视右后靶。（图7–79）

2. 左手撩刀

右足右前迈，两足斜长方；刀向左前撩，刀刃向上撩；刀身与胯平，刀把与肩平；刀刃向后撩，胯后调平衡；掌心向胯尖，左肘似弯弓。（图7–80）

3. 左手太公钓鱼

刀向圆心劈，刀身头上举；刀刃向下劈，刀身与肩平；右肘平于腋，左膝抬平停；足面挺着劲，足在右膝上。（图7–81）

图7–79

图7–80

图7–81

（五）离卦

1. 天边扫月

左足向左跨，足距约二尺；重心压右胯，两足斜长方；右刀头上扫，刀身与眼平；目视刀外靶，内守养元神。（图7–82）

2. 流星赶月

左足右上扣，扣成八字形；左掌肘下穿，掌根向右撑；左掌平于心，怀里如抱婴；脊背向圆心，内守养元神。（图7–83）

3. 仙人脱壳

右足向右摆，两足斜长方；刀向圆心削，刀身与肩平；肩胯通圆心，形正圆心瞄。（图7–84）

图7–84

图7–83

图7–82

（六）震卦

1. 白蛇伏草

左足迈出停，身体向左转；刀向右下落，刀身指切线；右手齐胯上，刀刃向下立；左手背朝上，前伸刀尖上；虎口对刀身，内守养元神。（图7–85）

2. 青龙探海

身体左转身，刀向左膝扎；刀身与胯平，左足挺脚面；内守养元神。（图7–86）

图7–85

图7–86

（七）巽卦

1. 转体推刀

右足上步扣，扣成八字形；右刀胸前横，刀刃对圆心；左掌助力推，形正圆心瞄。（图7–87）

2. 推刀右行

右足向右摆，左掌推右腕；刀身切线戳，目视刀前靶。（图7–88）

图7-87

图7-88

（八）坎卦

1. 仙人背刀

右足左上扣，两足扣八字；脊背向圆心，刀身后背着；刀身平于肩；目视后刀身，重心压膝中。（图7-89）

2. 仙人换影

左足左前迈，两足斜长方；重心压右踵，刀向左肩片；刀身顺肩胯，刀身与肩平；身体向左转，面向圆切线。（图7-90）

图7-89

图7-90

（九）艮卦

1. 日月争明

左足向左摆，步距约二尺；左掌左胯按，刀向右肋争；面向圆心靶，刀身与嘴平；重心偏左足，右腿斜着撑。（图7–91）

图7–91

2. 仙人入洞

身体右后转，刀扫左膝下；刀刃平股中，刀把与脐平；右足藏于裆，挺着足面藏；方向同切线，左足稳如桩；独立有瞬停，内守养元神。（图7–92）

3. 流星赶月

左足右上扣，扣成八字形；左掌肘下穿，掌根向右撑；左掌平于心，怀里如抱婴；脊背向圆心，内守养元神。（图7–93）

4. 猛虎截路

右足向右摆，两足侧八字；刀向右前截，刀与臂垂直；小指刃向外（即太阴），重心压右踵。（图7–94）

图7–92

图7–93

图7–94

（十）坤卦

青龙返首

右足向右摆，两足侧八字；刀向右前截，刀与臂垂直；小指刃向外（即太阴），重心压右踵。（图7–95）

（十一）无极收式

身体左后转，右刀交左手；左掌心向下，右掌心向上；侧身平交刀，右步向后撤；重心压右踵，左足尖前点；右掌头上应，掌落步收回。（图7–96）

图7–95

图7–96

（动作演示：孙文韬）

第八篇 剑学新篇

孙氏剑学包括孙氏八卦剑、孙氏太极剑和孙氏形意剑，是孙禄堂先生留下的宝贵武术资源，其要旨为：走转裹与翻，穿撩探提按；挑托抹挂片，搜闭扫顺截。

一、八卦剑

孙氏八卦剑，养正气为宗；用叫八卦剑，纵横离合也；养则太极剑，静为天下正；趟进向切线，剑锋对圆心；走转成圆圈，剑法灵妙奇；身子如落坐，压着后足跟；前步有蹚踩，形似过水沟；乾兑离震卦，巽坎艮坤卦，即是八纲剑；八卦剑应用，练者下功夫；求正达其变，奇妙必然彰。

（一）目录

第一式　无极式
第二式　太极式
第三式　乾卦剑 1.蛰龙翻身　2.天边扫月　3.扫地搜根　4.白猿托桃
第四式　坤卦剑 1.日月争明　2.流星赶月　3.青龙返首
第五式　坎卦剑 1.天边扫月　2.仙人背剑　3.仙人换影
第六式　离卦剑 1.日月争明　2.白猿偷桃　3.仙人脱壳
第七式　震卦剑 1.白蛇伏草　2.潜龙出水　3.青龙探海
第八式　艮卦剑 1.黑虎出洞　2.白蛇吐信　3.青龙截路　4.白猿偷桃
5.仙人入洞　6.日月争明　7.流星赶月

第九式 巽卦剑 1.叶底藏花（一） 2.叶底藏花（二）
3.叶底藏花（三） 4.猛虎截路

第十式 兑卦剑 1.片膀剑 2.回马剑 3.回头望月 4.仙人钓鱼

第十一式 收式 1.白马抖毛 2.收式归无极

（二）纲要

八剑最灵妙，学练兴趣高；剑术是先天，后有八卦拳；宗师孙禄堂，八卦剑创新；“去繁留用简”，位顺体中正；万物走老路，套路简为妙；灵感现真知，性喜捉迷藏；功夫学扑捉，露面快收藏；时长三分钟，语言难说清；导引加联想，指正有新知。

宗师孙禄堂，八卦剑八法，“走转裹与翻，穿撩提与按”；用法有十字，“挑拖抹挂片，搜闭扫顺截”；适应“八卦剑”，也适“八卦拳”。

伏羲先天卦，即八纲卦也；文王后天卦，力正达其变；“正”为基本功，“变化”为程序；练剑如写字，楷体练规矩；“行书和草书”，“变化不逾矩”。

注：“爻剑”名称，爻者，变化也。宗师“六部剑”，是“六个变化”。

（1）中阴中阳剑：剑刃上下立，剑尖前和后，向左或向右；简称“立剑”“劈剑”或“片剑”。

（2）少阴剑学：立剑左斜半直角，称“闭剑”和“返剑”。

（3）少阳剑学：立剑右斜半直角，简称“启剑”。

（4）太阴剑学：即掌背向上，简称“覆剑”，或称“抹剑”和“削剑”。

（5）太阳剑学：即掌背向下，简称“仰剑”，或称“镟剑”。

（6）老阴剑学：即掌背向左，虎口冲左下，简称“提剑”，或称“挡剑”。

（7）老阳剑学：仰剑向右偏，反拧半直角，简称“拧剑”，或称“撩剑”。

（三）学练规范

1. 无极式

选择方向站，负阴而抱阳；双足正八字，正好九十度；空如游上天，目视无所观；静如进山谷，耳听无所声；左手藏剑立，剑身贴左臂；默立三呼吸，内守养元神。（图8-1）

2. 太极式

（1）半面向左转，两足半直角；虚无有时位，灵妙须轻身；目视横竖线，形正智能生；默立三呼吸，真气氤氲升；两臂胸前抱，右掌扶左拳。（图8-2）

（2）半面向左转，两足半直角，双腿向前屈；右手剑前刺，太阴剑刃平，高度与心齐；左掌背向上，藏在右肘下；剑尖向圆心，形正气自顺。（图8-3）

图8-1

图8-2

图8-3

3. 乾卦剑

（1）蛰龙翻身：右剑抬到头，拳背似挨额；剑尖对圆心，高度与心平；左掌裆下指，手心扭向左；左拳变剑指，一二三指伸；虎口尽力张，四五指屈回；蹲身臀垂踵，左足跟略悬。（图8–4）

（2）天边扫月：左足向左跨，足距约二尺；重心压右胯，两足斜长方；左手膝边搂，相离四五寸；右剑头上扫，剑身与眼平；目视剑前靶，观察彼动静。（图8–5）

（3）扫地搜根：右足向左并，两足扣八字；右剑膝前扫，剑指头上举；重心压膝中，目视剑前靶。（图8–6）

（4）白猿托桃：右足右前迈，两足斜长方；右剑头上举，扭臂变老阴，剑把与口平；剑尖平于肩，剑指头上应。（图8–7）

顺时针走转，压着左足跟；前膝垂足跟，稳平如行船；手足不同向，互成半直角；里足不出圈，外足不进圈；里足向前迈，两足侧八字；外足向前进，两足斜长方。

图8–4

图8–5

图8–6

图8–7

4. 坤卦剑

（1）日月争明：右足向右撤，足距约二尺；两足斜长方，重心压右胯；右手剑外翻，画弧落胸前；左手心向下，虎口左肋平。（图8–8）

图8–8

（2）流星赶月：左足右上扣，扣成八字形；左掌肘下穿，掌根向右撑；剑向外撑劲，怀里如抱婴；剑把与鼻平，剑尖臂根齐；脊背向圆心，内守养元神。（图8–9、图8–9附图）

（3）青龙返首：右剑头上截，剑刃上下立；剑尖高平肩，指向圆中心；左手腕塌住，尽力往右推；前膝垂足跟，小腿正受力。（图8–10）

图8–9

图8–9附图

图8–10

逆时针走转，稳平如行船；手足不同向，互成半直角；里足不出圈，外足不进圈；重心压右踵，左膝垂足跟；里足向前迈，两足侧八字；外足向前进，两足斜长方。

5. 坎卦剑

（1）天边扫月：左足向左跨，足距约二尺；重心压右胯，两足斜长方；右剑头上扫，剑身与眼平；左手膝边搂，相离四五寸；目视剑外靶，内守养元神。（图8-11）

（2）仙人背剑：右足左上扣，两足扣八字；脊背向圆心，剑扫身后背，剑尖平于肩；左腕腹前塌，大指靠肚脐；目视后剑尖，重心压膝中。（图8-12）

（3）仙人换影：左足左前迈，两足斜长方；重心压右踵，剑向左肩片；剑身顺肩胯，剑尖与眼平；左手右胁穿，背贴右肘后；身体向左转，面向圆切线。（图8-13）

图8-11

图8-12

图8-13

逆时针走转，稳平如行船；里足向前迈，两足侧八字；外足向前进，两足斜长方。

6. 离卦剑

（1）日月争明：右足向右摆，步距约二尺；左掌左胯按，剑向右肋挣；面向圆心靶，剑尖与口平；重心偏左足，右腿斜着撑。（图8-14）

（2）白猿偷桃：左足上步扣，两足扣八字；剑向左前探，剑尖与肩平；左手右胁穿，高与心口平；剑刃上下立，与肩胯同向；脊背向圆心，目视剑前靶。（图8-15）

（3）仙人脱壳：右足向右摆，两足斜长方；剑走右下弧，右胯前边落；剑向圆心削，剑尖与肩平；肩胯通圆心，形正圆心瞄。（图8-16）

图8-14

图8-15

图8-16

顺时针走转，压着左足跟；前膝垂足跟，稳平如行船；手足不同向，互成半直角；里足不出圈，外足不进圈；里足向前迈，两足侧八字；外足向前进，两足斜长方。

7. 震卦剑

（1）白蛇伏草：左足迈出停，身体向左转；剑向右下落，剑尖指切线；右手齐胯上，剑刃上下立；左手背朝上，前伸剑尖上；虎口对剑身，内守养元神。（图8–17）

（2）潜龙出水：右足上步扣，扣成八字形；剑向前平刺，左手左胯按；压把挑剑尖，剑尖与头平；目视剑前靶，内守养元神。（图8–18）

（3）青龙探海：身体左转身，剑向左膝扎；手与心口齐，剑尖与胯平；左手额前举，左足挺脚面，内守养元神。（图8–19）

图8–17

图8–18

图8–19

顺时针走转，压着左足跟；前膝垂足跟，稳平如行船；手足不同向，互成半直角；里足不出圈，外足不进圈；里足向前迈，两足侧八字；外足向前进，两足斜长方。

8. 艮卦剑

（1）黑虎出洞：身体左后转；左足指切线，重心压右踵；左膝垂左踵，右剑落胯前；左手背朝上，前伸剑尖上；剑刃上下立，剑身似水平；剑向平心刺，左掌扶右腕；目视剑前靶，内守养元神。（图8–20）

图8–20

（2）白蛇吐信：身体右后转，右足向右摆；左足向右扭，两足斜长方；剑平停口下，目视右前靶；左手后翻扭，手背斜向下（即老阴）；剑向右前刺，内守养元神。（图8–21、图8–22）

图8–21

图8–22

（3）青龙截路：右足向右摆，两足侧八字；剑向右前截，剑与臂垂直；小指刃向外（即太阴），左手左肋裹，重心压右踵。（图8–23）

（4）白猿偷桃：左足上步扣，两足扣八字；剑向左前探，剑尖与肩平；左手右胁穿，高于心口平；剑刃上下立，与肩胯同向；脊背向圆心，目视剑前靶。（图8–24）

（5）仙人入洞：身体右后转，剑扫左膝下；剑尖平股中，剑把与脐平；右足藏于裆，挺着脚面藏；方向同切线，左足稳如桩；独立有瞬停，内守养元神。（图8–25）

（6）日月争明：右足向前落，剑向右肘挣；剑身与口平，右拳心向下（即太阴剑）；剑把平于腋；两足扣八字，足距约二尺；左掌按胯根，左肘向左撑；剑与身环抱，内守养元神。（图8–26）

（7）流星赶月：左足上步扣，扣成八字形；左掌向右穿，腋下见掌根；剑向外撑劲，怀中如抱婴。（图8–27）

图8–23

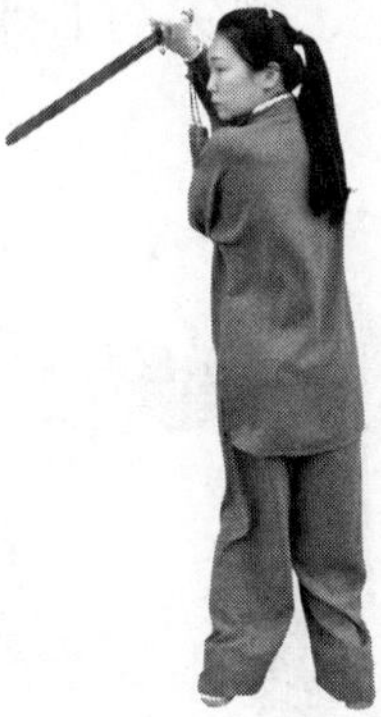

图8–24

图8–25

图8–26

图8–27

顺时针走转，稳平如行船；手足不同向，合成半直角；里足向前迈，两足侧八字；外足向前进，两足斜长方。

9. 巽卦剑

（1）叶底藏花（一）：左足上步扣，扣成八字形；剑藏左肘下，左前臂垂直；剑指向圆心。（图8–28）

（2）叶底藏花（二）：右足向右摆，左足上步扣；两足扣八字，剑身不动位。（图8–29）

（3）叶底藏花（三）：右足向右摆，重心压左踵；剑向右伸展，剑身平于肩；小指剑向后，目视剑刃后。（图8–30）

（4）猛虎截路：身体向左转，左足左调直；剑向头左探，同于反首剑；手背左眼上，剑尖与心平；左手外翻扭，运转肚脐处。（图8–31）

图8–28

图8–29

图8–30

图8–31

逆时针走转，稳平如行船；手足不同向，合成半直角；里足向前迈，两足侧八字；外足向前进，两足斜长方。

10. 兑卦剑

（1）片膀剑：上步扣左足，两足扣八字；剑向左膀片，落至腿根停；剑刃上下立，剑尖与肩平；左手裹捂耳，目视左后靶。（图8-32）

（2）回马剑：右足右前迈，两足斜长方；剑向右前撩，下刃变上刃；剑尖与胯平，剑把与肩平；剑指弧线落，掌心贴肚脐。（图8-33）

（3）回头望月：左足向前迈，两足侧八字；剑向右后劈，剑尖与头平；剑把与心平，剑指左前撑；重心压左踵，内守养元神。（图8-34）

（4）仙人钓鱼：右足上步扣，扣成八字形；剑向身前撩，头上两手会；左手在内裹，右剑裹在外；剑向圆心劈，剑指头上举；剑刃上下立，剑尖与肩平；右肘平于腋，左膝抬平停；脚面挺着劲，足在右膝上。（图8-35）

图8-32

图8-33

图8-34

图8-35

顺时针走转，压着左足跟；前膝垂足跟，稳平如行船；手足不同向，互成半直角；里足不出圈，外足不进圈；里足向前迈，两足侧八字；外足向前进，两足斜长方。

11. 收式

（1）白马抖毛：右转向圆心；两足扣八字，足距约二尺；两肘左右抖，张顶显精神；左右各三下，六合如铁球；血脉一抖落，循环通利轻。（图8-36、图8-37）

（2）收式归无极：身体左后转，右剑交左手；左掌心向下，右掌心向上；侧身平交剑，右步向后撤；重心压右踵，左足尖前点；右掌头上应，掌落步收回。（图8-38）

图8-36

图8-37

图8-38

（动作演示：孙文韬）

附　八卦剑对练

八卦乾坤转，走转带裹翻；八卦剑对练，人站直径端；同向练走转；二人顺序同；半周一变式，熟练守规距。

1. 彼练先天卦，《易经》为之准，序号和顺逆，视规则而定

乾南即是一，坤北二当位，坎三西当变，离四日东昇；东北震五动，

东南兑六养，西南巽七风，西北艮八止；单码顺时转，双码逆时走。

2. 我练后天卦，与之对着练

坎一北顺水，离二南逆火，震三东顺起，兑四西逆泽；坤五西南顺，乾六西北逆；艮七东北顺，巽八东南风；单码顺时转，双码逆时行。彼练后天剑，我练先天剑；先后八卦剑，对练各一遍。

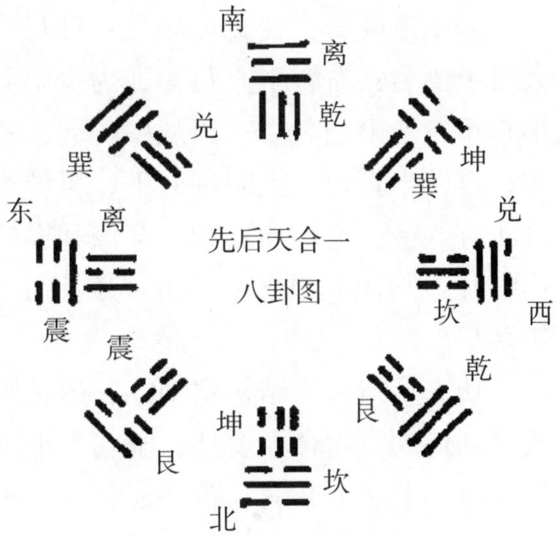

第一轮卦序，尽是对角卦：乾卦对巽卦，艮卦对坤卦；离卦应兑卦，坎卦对震卦。

第二轮卦序，也是对角线；坤卦对艮卦，乾卦对巽卦；震卦对离卦，兑卦对坎卦。

第三轮卦序，尽是对角卦；坎卦对离卦，震卦应兑卦；坤卦对乾卦，艮卦对巽卦。

第四轮卦序，也是对角线；离卦对坎卦，兑卦应震卦，艮卦对巽卦，坤卦对乾卦。

3. 同向走转对，重复先后卦

每卦有顺逆，逆时左手握；双手变换练，招熟灵妙生；动中有休息，便于持久战。

4. 个别有变通，同时要交锋

都能顺逆变，都同时交锋；易经方图妙，后人愧不能！实战当即兴，就要脱规则；走转半周变，同时要交锋；实战先演习，条件反射成！

二、太极剑

太极剑之理，天地人合一；形圆走曲线，缠绕慢加力；管控寻空隙，剑刃钻孔隙；太极本坤道，厚德顺生理；变化求灵妙，我顺站时位；动由静心出，静为天下正；智能即本能，先天元气充；顺剑求变化，即是太极剑；灵感现真知，性喜捉迷藏；功夫学扑捉，露面快收藏；时长三分钟，语言难说清；导引加联想，指正有新知。

（一）纲要

剑学重隐身，变化贵轻灵；孙禄堂剑学，六部剑创新；剑刃上下立，太极中剑名；右转半直角，即为少阳剑；再转半直角，太阳剑向上，再转半直角，老阳剑名立；还从中剑起，三阴剑有名；内翻半直角，即为少阴剑；再转半直角，太阴剑向下，再转半直角，老阴剑名立；一剑有六变，身法有八字；走转和裹翻，穿撩和提按；用法有十招，招招有灵妙；挑托抹挂片，搜闭扫顺截；左手为剑指，大二中指张；四五指屈回，剑指神气藏！

功夫重结构，结构定功能；形正则气和，形俱则神生；宇宙在乎手，劳动创造人；六合九要功，都在手上求；规矩须精准，精准力量增；手足亲兄弟，上起下必应；疏瘀通梢节，梢通气血通；伸缩出内劲，肱股能听令；小指无名指，令气丹田存；食指加中指，神气昂于头；提肛和抽胯，掌根向前顶；器械手延长，合二一以贯；尖刃如手指，手柄如掌根；抓握须用力，指梢扣掌根；指根和拳面，内连脾肝肾；掌背连腰脊，掌心通腹胸；足弓与掌背，先天信息通。

有动必有静，无静没持久；形动心当静，形静脚须稳；动静如呼吸，二者不可分；内功都自律，意念是干扰；意念产生热，脏腑必受伤；条件反射出，无意是真功；真气性本凉，其性如冷光。

孙禄堂师祖，创新第一人；三拳倡合一，拳与先天合；先天即本性，内外合而一；传统不封闭，允许新发挥；创新能发展，发展是贡献；终身为师表，古今武圣人。

“爻剑”名称：爻者，变化也。宗师孙禄堂言“六部剑”，显然是“六个变化”，“六爻剑”更准确，其中的“变化”，以掌背或剑把的位置变化说。

（1）中阴、中阳：剑刃上下立，剑尖前和后，向左或向右；可简称“立剑”“劈剑”或“片剑”。

（2）少阴剑：即由立剑左斜半直角，简称“闭剑”“返剑”。

（3）少阳剑：即由立剑右斜半直角，简称“启剑”。

（4）太阴剑：即掌背向上，简称“覆剑”，或称“抹剑”“削剑”。

（5）太阳剑：即掌背向下，简称“仰剑”，或称“鏇剑”。

（6）老阴剑：即掌背向左，虎口向左下，简称“提剑”，或称“挡剑”。

（7）老阳剑：即掌心向右，虎口向右下，简称“拧剑”，或称“撩剑”。

（二）学练规范

1. 上剑

（1）无极剑：左手先持剑，无极式站立；心无思无想，目光宜敛藏；心内空洞洞；呼吸胸腹荡。（图8-39）

（2）太极剑：静极萌生动，潜龙胸前横；右掌扶剑把，心前敬为上。（图8-40）

（3）白鹤亮翅：剑把右掌接，两臂学亮翅。（图8-41）

图8-39

图8-40

图8-41

（4）双龙出水：右足向后撤，左足扬足掌；重心压右足，双肘肋下垂；两肘上翻裹，平出太阳剑；重心向前移，身体压左足。（图8–42、图8–43）

（5）鹞子翻身：右足随即跟，两足扣八字；剑身向下落，前抡向前劈；左手随身绕，胯前按太阴（掌心向下），重心压左足。（图8–44、图8–45）

图8–42

图8–43

图8–44

图8–45

（6）单举鼎：剑指头上举，掌心须向上；右足轻抬落，两足微八字。（图8–46）

（7）仙人指路：剑向右平刺，抬起左足助；重心压右足，目视剑前方；身体向左转，剑向左前刺；剑拧变老阴，剑尖高平头；左足向左进，近似弓蹬步；左手胯后插，左掌拧太阴。（图8–47、图8–48）

图8–46

图8–47

图8–48

（8）青龙返首：剑向右翻拧，拧成老阳剑；向下向后穿，臂剑一直线；右足向前进，右摆侧八字；目视剑前靶，身体右侧拧。（图8-49）

图8-49

（9）太公钓鱼：右剑往前劈，高度与肩平；上右足跟步，重心在左足；右足在踝外，身子直立起；左手落左后，手指向下伸；手心向上翻，手掌成太阴；目视剑前靶。（图8-50、图8-51）

（10）青龙抬头：轧剑把尺许，身体蹲尺许；左手扶右腕，助剑上挑力；右足跟落实，重心落右足。（图8-52）

图8-50

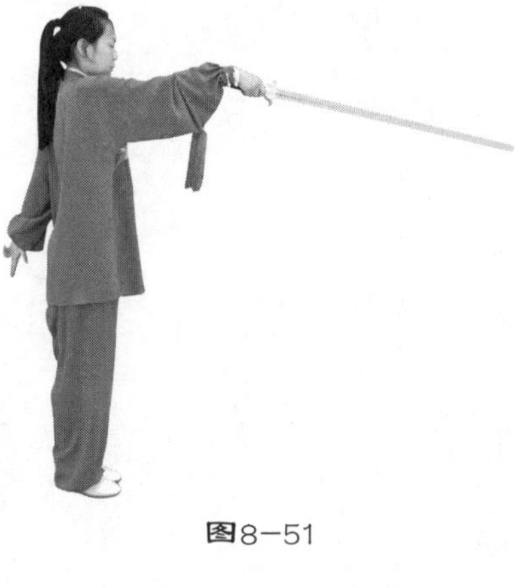

图8-51

图8-52

（11）单举鼎：身体直立起，剑落右胯旁；成中剑平式，剑与身垂直；左手举过头，食指向后伸；目视前方靶，心静无所思。（图8–53）

（12）青龙献爪：右足后撤步，两足半直角；足距一小腿，重心压右踵；剑尖上下立，剑把右胯上；左掌向前伸，停在剑尖上；左掌向下按，小指向前伸。（图8–54）

（13）凤凰点头：左足即抬起，藏于右膝下；右剑往前点，肘高与腋平；左掌辐右腕，剑指点神生。（图8–55）

（14）天边扫月：左足左前落，剑向天上扫；左掌落胯根，掌根向下按。（图8–56）

（15）猛虎截路：右足藏裆内，右剑膝下扫；剑把在膝上，上下剑刃平；重心压左踵，目视剑前靶。（图8–57）

图8–53

图8–54

图8–55

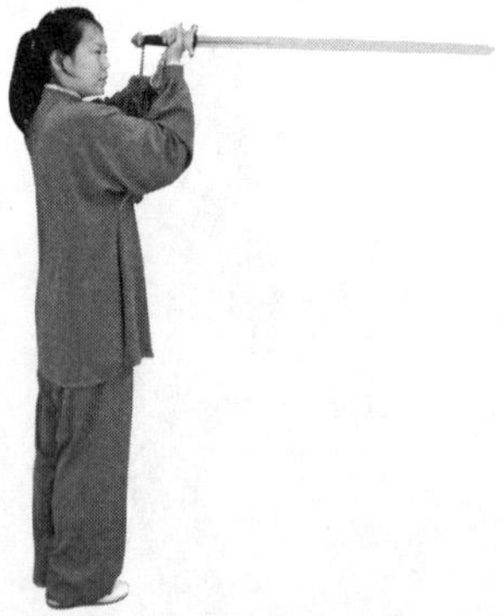
图8–56

图8–57

（16）青龙缩尾：右足不落地，剑把藏胸前；左掌扶剑根，上下剑刃平；剑身成水平，剑尖指向前。（图8–58）

（17）黑虎出洞：右足前落地，剑向前刺心；左手扶右腕，助力六合成；目视剑前靶，重心压左足。（图8–59）

（18）平沙落雁：身体向右转，转体60°；右足向外拧，拧成右盘步；右剑平刃落，高度与膝平；左掌扶右腕，目视左前靶。（图8–60）

（19）青龙入海：左足向前迈，形同左弓步；剑向头前穿，剑刃上下立；剑尖平于肩，剑把与头平；左掌扶右腕，助力六合成。（图8–61）

（20）怀中抱月：身体向左转，形成左盘步；剑把藏左肋，平刃成太阳；左掌扶右腕，合成上助力，目视右前靶。（图8–62）

图8–58

图8–59

图8–60

图8–61

图8–62

（21）鸿雁送书：剑向前平刺，两足平行步；左掌头上举，剑指向后伸；重心压左足，目视剑前靶。（图8–63）

图8–63

（22）鹞子束身：左足后插步，两腿剪子股；剑落右胯旁，剑尖向前指，剑身平于胯；左掌在身后，剑指助剑势；身压右足掌，目视剑前靶。（图8–64）

（23）孤雁出群：剑向前刺肋，右足随即跟；两足半直角，足距约一拳；左掌拧向后，剑指成老阳。（图8–65）

（24）蜻蜓点水：抡剑向前点，左足裆内藏；足尖向下挺，剑尖与膝平；剑指头上举，即为助剑势。（图8–66～图8–68）

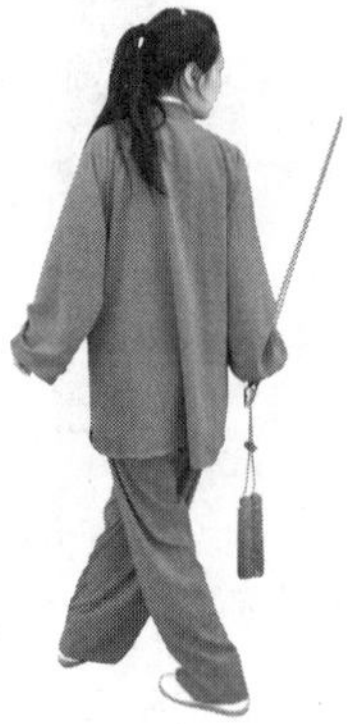

图8–64

图8–65

图8–66

图8–67

图8–68

（25）回头望月：右足向右落，近似右弓步；剑把向右带，高与两肩平；剑尖在胯上，平刃剑太阴；左掌向后撑，剑指向前应。（图8-69）

（26）败式：剑身位不变；左足先进步，右足随即跟；左右各两步，重心在右足；目视左剑尖靶。（图8-70、图8-71）

图8-69

图8-70

图8-71

（27）妙手背斩：身体左后转，两足拧盘步；重心压膝中，右剑回身抹；左掌扶右腕，剑尖向咽喉。（图8-72）

（28）大鹏展翅：双臂向外展，近似大弧线；右剑心向外，剑成太阳剑。（图8-73）

（29）猛虎截路：左足绷脚面，藏于右膝下；剑刃膝下扫，左掌扶右腕。（图8-74）

图8-72

图8-73

图8-74

（30）推窗望月：左足向后撤，两腿倒叉步；左足掌着地，左掌头上推；剑指向后伸，右剑向后扫；重心压左足，目视左上方。（图8–75）

（31）顺势撩剑：右足前上步，左足随即跟；足距一脚半，两足斜长方；剑向左上撩，拧成老阳剑；右手与头平，剑与右臂顺。（图8–76）

图8–75

图8–76

（32）蜻蜓点水：摆右上左足，右足抬起藏，藏于左膝里；右剑左前点，剑刃上下立；左掌头上举，剑指伸向后；右剑向右带，剑把与肩平；剑尖平于胯；剑肋一掌隔；左手太阴按，似枪上准星；右足右前落，两脚斜长方；重心压右踵，目视剑前靶。（图8–77 ~ 图8–79）

图8–77

图8–78

图8–79

（33）磨盘剑：剑把左前带，右足左上步；两足斜长方，右剑头上扫；剑刃上下立，剑尖平于肩；剑位相对静，自然步走转；三步走到头，两足斜长方。（图8-80、图8-81）

图8-80

图8-81

（34）片膀、撩剑：左足上步扣，右剑片左肩；左掌右前伸，掌心对右脸；怀内如抱婴，外紧内要空；右剑向前撩，剑刃上下立；剑尖与肩平，剑把与眼平；右足向后撤，两足倒插步；右足掌点地，重心压左足。（图8-82、图8-83）

图8-82

图8-83

（35）青龙缩尾：右剑太阳缩，缩到心口前；剑身与肘平，左掌推剑把；剑指向上扬，右膝上抬平，蹦着脚面藏。（图8–84）

（36）黑虎出洞：右剑向前刺，右足进弓步；左手扶右腕，剑刃上下立。（图8–85）

图8–84

图8–85

（37）怀中抱月：右剑左回带，平剑刃口平；左掌扶右腕，剑身水平躺；右足向左合，两足扣八字；目视右前靶，怀中如抱婴。（图8–86）

（38）鹞子翻身：右足向后撤，两臂后前翻；剑把靠胯停，剑身平向前；剑指胯前按，左掌向前指；重心压右足，太极式待命；目视身前靶，身心存虚灵。（图8–87、图8–88）

图8–86

图8–87

图8–88

2. 下剑

（39）单举鼎：右足轻跺脚，左掌举头上；剑指伸向后，剑身立水平；目视身前靶，蓄势待向前。（图8-89）

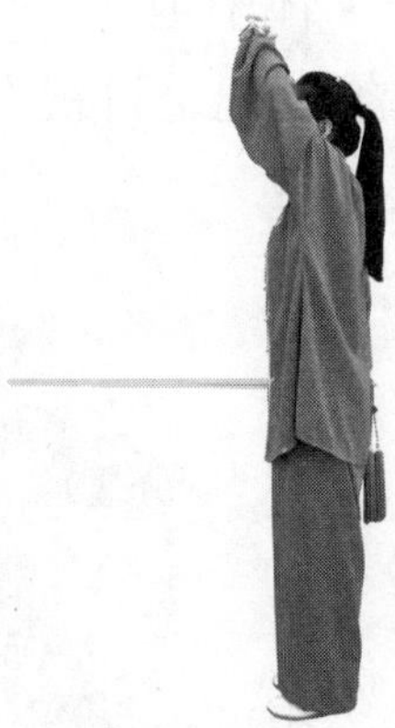

图8-89

（40）挤步虎出洞：右足一步出，左足进一步；左足跳一步，右足进弓步；右剑向前刺，高度与肩平；左掌头上举，剑指伸向后；身体压右足，身心存虚灵。（图8-90～图8-92）

（41）抽梁换柱：右剑抽平回，向右前翻刺；剑刃上下立，剑把向后翻；剑尖与膝平；左足抬起藏，右足载支撑；上身向右弯，左掌头上举；剑指向剑尖，目视剑前靶。（图8-93、图8-94）

图8-90

图8-91

图8-92

图8-93

图8-94

（42）外截剑：左足左后落，右剑右按抹；重心压左足，剑指向后撑；目视右前靶，身心存虚灵。（图8–95）

（43）怀中抱月：右剑左怀抱，剑肋一拳隔；右足向左靠，两足扣八字；左掌推剑把，目视右前靶。（图8–96）

图8–95

图8–96

（44）白蛇伏草：右剑向前伸，剑身与腋平；右足后撤步，右足跟抬起；两臂成水平，重心压膝中；目视右前靶，身心存虚灵。（图8–97）

（45）探海剑：右足前迈出，举剑往下扎；剑尖扎彼裆，剑把与肩平；左足抬起藏，膝下绷脚面；左掌举上头，剑指向后伸。（图8–98、图8–99）

图8–97

图8–98

图8–99

（46）封侯挂印：左足落原处，两足斜长方；右剑举过头，剑把平额头；左掌扶右腕，目视身前靶。（图8–100）

（47）鹞子束身：左足向后撤，撤成倒插步；剑落右胯旁，剑刃上下立，剑尖冲向前；左掌落左胯，剑指冲向前；重心压右踵，身子欲飞腾。（图8–101）

（48）孤雁出群：右剑向前刺，立剑与腋平；同时进右足，左掌扶右腕；重心压右踵，两足斜长方。（图8–102）

图8–100

图8–101

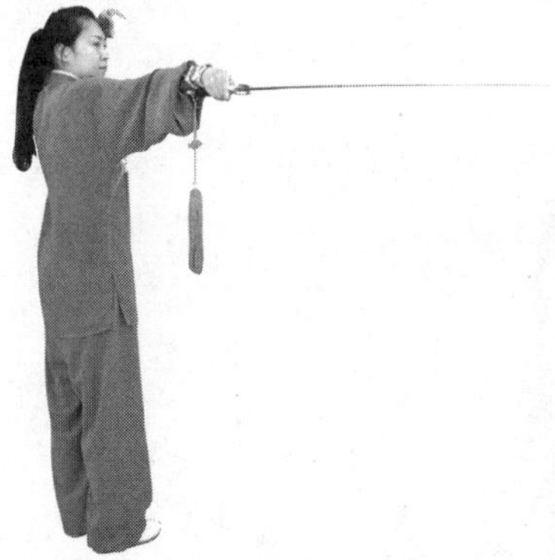

图8–102

（49）乌龙绞柱：右足向右掰，两足侧八字；剑尖向右绞，剑把缠腕绕；左掌右臂下，顺缠右腕上；左足右上扣，扣成八字形；右剑向上崩，身子稍遁缩；身子直立起，双臂向前伸；剑身与腋平，左掌助右剑；右膝上抬平，右足绷脚面；藏于左膝下，目视剑前靶。（图8-103～图8-108）

图8-103

图8-104

图8-105

图8-106

图8-107

图8-108

（50）青龙缩尾：双臂向回缩，剑把在心前；左掌推剑把，持平太阳剑。（图8–109）

（51）挤步虎出洞：右足向前落，左足过一步；弹跳右足落，两腿右弓步；立剑向前刺，剑把平心口；左掌举过头，剑指向后伸，虎口对剑尖。（图8–110）

（52）里截剑：右剑向左裹，平剑扫小腿；右足向回撤；左掌举过头，剑指向上扬。（图8–111）

（53）鹞子束身：左足向后撤，撤成倒插步；剑落右胯旁，剑刃上下立，剑尖冲向前；左掌落左胯，剑指冲向前；重心压右踵，身子欲飞腾。（图8–112）

图8–109

图8–110

图8–111

图8–112

（54）孤雁出群：右剑向前刺，立剑与腋平；同时进右足，左掌扶右腕；重心压右足，两足斜长方（图8–113）

（55）蜻蜓点水：摆右上左足，右足抬起藏，藏于左膝里；右剑左前点，剑刃上下立；左掌头上举，剑指伸向后；右剑向右带，剑把与肩平；剑尖平于胯，剑肋一掌隔；左手太阴按，似枪上准星；右足右前落，两足斜长方；重心压右足，目视剑前靶。（图8–114～图8–116）

图8–113

图8–114

图8–115

图8–116

（56）磨盘剑：剑把左前带，右足左上步；两足斜长方，右剑头上扫；剑刃上下立，剑尖平于肩；剑位相对静，身体向右转，自然步走转；三步走到头，两足斜长方。（图8–117、图8–118）

图8–117

图8–118

（57）鹞子入林：右剑头上举，右后向下刺；右足右后迈，两足斜长方；左掌扶右掌，助剑成老阳；重心压右足，两腿右弓步。（图8–119、图8–120）

（58）怀中抱月：剑把回到肋，平剑成太阳；右足也回撤，两足扣八字；重心压左足，左掌推剑把；怀中如抱婴，目视剑前靶。（图8–121）

图8–119

图8–120

图8–121

（59）片膀、撩剑：右剑片左肩，右前撩立剑；剑与肩同高；右足向后撤，撤成倒插步；足掌点着地，左掌向后撩；掌心向上拧，左右一斜线。（图8-122、图8-123）

图8-122

图8-123

（60）插花盖顶：剑落立饶头，右前再下劈；左掌逆时抡，剑指头上扬；立剑平于肩；右足向前进，左足随即跟；足距约半尺，两足斜长方；重心压右足，目视右前靶。（图8-124、图8-125）

图8-124

图8-125

（61）鹞子翻身：右足向后撤，左足也回撤；两足正八字，右剑后前翻；立剑右胯前，左掌顺时翻；掌根按左胯，式如太极剑。（图8-126）

图8-126

（62）收式还原：右剑向右带，右足半步跨；左右平抖肘，左转平交剑；左掌心向下，右掌心向上；剑在后臂藏，剑垂左胯旁；左足出一脚，脚尖踮着地；右掌头上扬，左足少回撤；右掌徐徐落，落到右胯旁；左足向右并，两足正八字；还原无极式，静立三呼吸。（图8-127～图8-130）

图8-127

图8-128

图8-129

图8-130

（动作演示：孙文韬）

三、形意剑

宗师孙禄堂，留世纯阳剑；孙剑云创新，改名形意剑；羲皇留真言，“宇宙在乎手”；手足存信息，万化生奇迹；手足是驱动，吞吐万化生；开发手潜能，武学进上乘。

（一）纲要

功夫重结构，结构定功能；形正则气和，形俱则神生；宇宙在乎手，劳动创造人；六合九要功，都在手上求；规矩须精准，精准力量增；手足亲兄弟，上起下必应；疏淤通梢节，梢通气血通；伸缩藏大力，肱股能听令；小指无名指，令气丹田存；食指加中指，神气昂于头；提肛和抽胯，掌根向前顶；器械手延长，合二一以贯；尖刃如手指，手柄如掌根；抓握须用力，指梢扣掌根；指根和拳面，内连脾肝肾；掌背连腰脊，掌心通腹胸；足弓与掌背，先天信息通。

孙禄堂师祖，创新第一人；三拳倡合一，拳与先天合；先天即本性，内外合而一；传统不封闭，允许新发挥；创新能发展，发展是贡献；终身为师表，古今武圣人！

准备与整理，活动上下肢；气血梢节通，流速不突变；突变有伤害，缓冲耐力增。

“爻剑”名称：爻者，变化也。宗师孙禄堂言“六部剑”，显然是“六个变化”，“六爻剑”更准确，其中的“变化”，以掌背或剑把的位置变化说。“变化”=状态，此理如植树矣！

（1）中阴、中阳：剑刃上下立，剑尖前和后，向左或向右；简称“立剑”“劈剑”或“片剑”。

（2）少阴剑：即由立剑左斜半直角，简称“闭剑”“返剑”。

（3）少阳剑：即由立剑右斜半直角，简称“启剑”。

（4）太阴剑：即掌背向上，简称“覆剑”，或称“抹剑”“削剑”。

（5）太阳剑：即掌背向下，简称“仰剑”，或称“镟剑”。

（6）老阴剑：即掌背向左，虎口冲左下，简称“提剑”，或称“挡剑”。

（7）老阳剑：即掌心向右，虎口冲右下，简称“拧剑”，或称“撩剑”。

（二）学练规范

（1）无极式：左手持剑，臂后垂直；沙漠立杆，两足直角；静心松体，空无一念。（图8–131）

（2）太极式：意如初醒，气如微风；腹内氤氲，在气身中；喷薄欲出，如日东升，毕恭毕敬，身如气球。（图8–132）

（3）潜龙出海：手臂抱平，内外空通；臂下藏剑，神气内敛；双足直角，屈膝下蹲；双手相对，向前画弧。（图8–133）

图8–131

图8–132

图8–133

（4）仙人指路：左转直角，屈膝坐臀；两臂落下，呼气放松；左足进步，剑指右出；步如三体，剑藏臂后；右足前摆，右落左出；步侧八字，右转平臂；左进右跟，目视剑前。（图8–134、图8–135）

图8–134

图8–135

（5）倒退连环：左手不落，右手接剑；左足后撤，立剑后撩；右足后撤，挂剑前劈；剑指高举，双臂一线，循环有三。（图8–136～图8–140）

图8–136

图8–137

图8-138

图8-139

图8-140

（6）退步扑剑：提剑下按，膝下横剑；左足撤回，踮着足尖；左手助势，目视身前。（图8-141～图8-143）

图8-141

图8-142

图8-143

（7）提炉剑：垂直提剑，老阴剑立；右手平头，左足起藏；剑指老阴，目视剑前。（图8-144）

（8）落步斜单鞭：左足斜落，似三体桩；立剑右劈，剑指上撑；剑尖点刺，目视剑前。（图8-145）

图8-144

图8-145

（9）怀中抱月：头上云剑，旋转一周；胸前捧剑，太阳剑平；右足抬藏，目视剑前。（图8-146、图8-147）

图8-146

图8-147

（10）磨盘剑：启剑走转，顺时一周；头上云转，绕行两圈；重心在后，目随剑旋。（图8-148、图8-149）

图8-148

图8-149

（11）转身扑剑：片剑下按，膝下剑平；左足撤回，蹲身虚点；手助剑势，眼顾剑前。（图8-150）

（12）顺水推舟：左足直进，式如三体；立剑平胯，剑锋向前；身压右足，目视剑前。（图8-151）

图8-150

图8-151

（13）玉女穿梭：左足蹿步，右足左扣；左转一周，左弓蹬步；立剑直出，目视剑前。（图8–152～图8–154）

图8–152

图8–153

图8–154

（14）白猿献桃：右进左跟，仰剑右斩；两臂平伸，剑指左伸；身体直立，目视剑前。（图8–155）

图8–155

（15）灵猫扑鼠 ：右足掰步，左足跳进；右足后插，转身歇蹲；立剑下劈，左掌扶腕；剑把平胯，剑身水平；身压右足，两膝顶紧；目视剑前，神态自然。（图8–156、图8–157）

图8–156

图8–157

（16）单轮剑：左足直进，右足过步；重心在后，斜平方步；右剑后劈，立圆前撩；剑刃上下，撩彼头颈；重心移后，左手上撑；眼视剑前，不漏蚊蝇。（图8–158）

（17）推窗望月：左足后插，右前歇步；覆剑右横，与肩水平；左掌推腕，目视剑前。（图8–159）

图8–158

图8–159

（18）转身捧藁：提剑左转，左掰右扣；扣足八字，仰剑左捧；身压左足，神态自然。（图8-160）

（19）片膀：立剑左片，左掌右钻；怀如抱婴，右剑在外；目视右前，神态自然。（图8-161）

图8-160

图8-161

（20）磨盘剑：右足直进，斜平方步；仰剑右托，顺时走转；目视身前，神态自然。（图8-162、图8-163）

（21）转身扑剑：右转回身，立剑蹲按；膝前横剑，左手扶碗；臀压右足，左足踮地；目视身前，神态自然。（图8-164）

图8-162

图8-163

图8-164

（22）顺水推舟：左足进步，步型三才；左掌前推，立剑胯前；目视身前，神态自然。（图8–165）

（23）玉女穿梭：左足蹿步，右足前扣；左后转体，立剑刺心；左掌扶腕，助力成功；左弓右蹬，身压左足；目视身前，神态自然。（图8–166～图8–168）

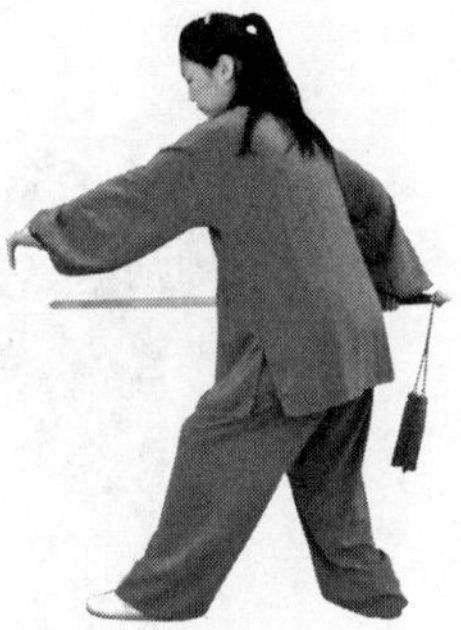
图8–165

图8–166

图8–167

图8–168

（24）白猿献桃：右进左跟，转体半周；仰剑外斩，立身直立；剑指左伸，两臂一线；目视剑前，神态自然。（图8–169）

图8–169

（25）灵猫扑鼠：右足掰步，左足跳进；右足后插，立剑蹲劈；身压右足，目视剑前。（图8-170）

（26）单轮剑：右足直进，提剑右撩；仰剑平头，剑指高举；两足斜方，目视剑前。（图8-171）

（27）滴鞭式：右进左插，成剪子股；左推提剑，剑身平肩；身压右足，目视剑前。（图8-172）

图8-170

图8-171

图8-172

（28）快马加鞭：提剑右劈，左膝抬平；足藏膝下，身压右足；目视剑前，神态自然。（图8-173、图8-174）

图8-173

图8-174

（29）败式崩剑：侧身左退，立剑崩弹；剑把平胯，剑指上举；自然退步，目视剑后。（图8-175～图8-178）

图8-175

图8-176

图8-177

图8-178

（30）妙手背斩：左后转身，仰剑捧削；剑斩腰胯；左足斜落，目视剑前，步似弓蹬。（图8-179）

图8-179

（31）翻江搅海：立剑平搅，一裹一拧；左先右后，碎步前行；目视剑前，神态自然。（图8-180、图8-181）

图8-180

图8-181

（32）野马跳槽：右踏左跳，提剑右劈；剑指高举，目视剑前。（图8-182）

（33）快马加鞭：提剑右劈，左足再抬；裆藏足绷，右腿独立；剑指高举，目视剑前。（图8-183）

图8-182

图8-183

（34）败式崩剑：侧身左退，立剑崩弹；剑把平胯，剑指上举；自然退步，目视剑后。（图8–184）

图8–184

（35）妙手背斩：左后转身，仰剑捧削；剑斩腰胯；左足斜落，目视剑前，步似弓蹬。（图8–185、图8–186）

（36）蜻蜓点水：左足前移，立剑右点；左掌高举，剑指上伸。（图8–187、图8–188）

图8–185

图8–186

图8–187

图8–188

（37）探海剑：右足独立，左足藏抬；立剑右探，剑指上举；目视剑前，神态自然。（图8–189）

（38）怀中抱月：左落右扣，重心在左；仰剑左藏，左掌推剑；怀如抱婴，内视外顾。（图8–190）

图8–189

图8–190

（39）云磨天盘：顺时走转，头上仰剑；右旋一周，剑尖顺搅；三退两周，目视上剑。（图8–191、图8–192）

图8–191

图8–192

（40）转身捧纛：提剑左转，左掰右扣；扣足八字，仰剑左捧；身压左足，神态自然。（图8–193）

（41）下地盘剑：覆剑藏肋，左掌上盖；右掰左扣，右进斜方；右转一周，重复有三；退到起点，掰扣方休；退步自然，目视剑前。（图8–194）

图8–193

图8–194

（42）中人盘剑：左退左镟，右撤右抹；三退三撤，三镟三抹；剑身平心，退到尽头；目视镟抹，神态自然。（图8–195、图8–196）

（43）黑虎出洞：左右进步，右进左跟；左掌扶腕，立剑直出；身压右足，目视剑前。（图8–197）

图8–195

图8–196

图8–197

（44）转身扑剑：左转蹲身，立剑下劈；左足虚点，目视剑前。（图8-198）

图8-198

（45）风轮剑：提剑后劈，右进撩剑；片剑劈后，进左削剑；提剑后劈，撩剑右进；削撩过头，片劈过胯。（图8-199～图8-201）

图8-199

图8-200

图8-201

（46）倒劈猴：左掰右进，倒劈左插；身压右足，左掌扶腕；剑把平胯，剑尖平肩。（图8-202、图8-203）

图8-202

图8-203

（47）青龙献爪：左后转体，左足在前；三才步法，立剑平胯；剑指伸挑，位在剑上。（图8-204）

（48）黑虎出洞：进右弓蹬，身压左足；立剑直出，左掌扶腕；目视剑前，剑身平胯。（图8-205）

（49）三环剑：立剑左挑，启剑提撩；身体右转，启剑蹲按；右前左后，盘步闭剑；左掌扶腕，目视剑前。（图8-206）

图8-204

图8-205

图8-206

（50）青龙翻身：右足为轴，提剑右转；仰剑右刺，剑身平心；剑指上举。（图8-207）

（51）青龙出水：左后转身，步似左弓；仰剑左出，剑身平胸；目视剑前。（图8-208）

图8-207

图8-208

（52）青龙归海：覆剑右带，仰剑左伸；身体左转，剑交左手；右足后撤，左足稍移。（图8-209、图8-210）

（53）收式：右掌上举，目视身前；身压右足，双臂下落；手足还原，无极式同。（图8-211）

图8-209

图8-210

图8-211

（动作演示：孙文韬）

下卷　回首品精论

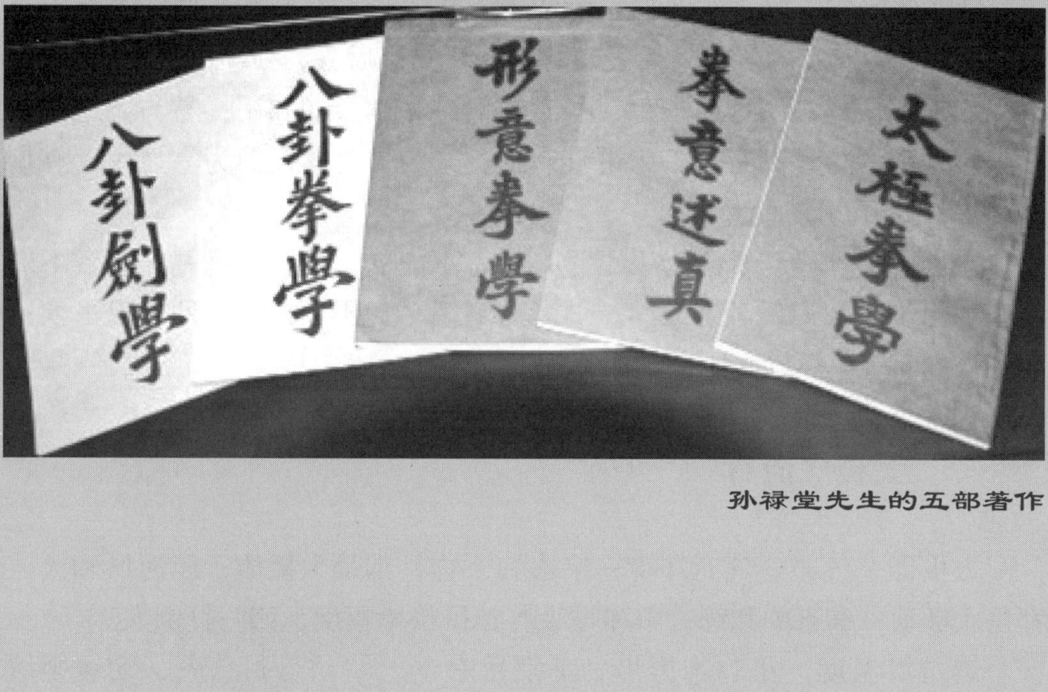

孙禄堂先生的五部著作

第一篇　辩证看　科学练

武创不忘初，搏杀求生存；武学不忘本，永不叛师道；师道即人道，诚信守规矩；在家尊父母，在外尊事业；不为尘俗累，不为物欲困；从善不嫌小，戒恶要慎独；时间诚宝贵，禁烟节制酒；学而时习之，勿忘练眼睛；刺射天天练，有矢之箭中；武艺练在身，体健增寿命；大脑有条理，事业获成功。爱国爱党为人民，多做贡献不争利；低调做人不争宠，踏踏实实学和习。

武学练若打，功夫能入门；静为天下正，形正气则和；内守养元阳，先天是本能；将相本无种，后天当自强；认知是后天，须和先天合。

武学是文化，明理而求是；与时当俱进，学会知和用；易与天地准，顺生命之理；为学日有益，为道日有损；方为易之体，圆为易之用；有见而有感，妙万物而通。

老子《道德经》，无为无不为；企者不能立，踮脚两足并；跨者不能行，都因步距大；反者道之动，弱者道之用；负阴而抱阳，冲气以平衡；无有入无间，至柔胜坚刚。

一、太极气流行

太极即一气，一气充环境；宇宙和万物，都是太极体；江河风和火，都是太极动；拳道中和练，中和呼吸鉴；捋挤增幅度，四两打倒人。

鸡蛋没温度，小鸡难孵出。王宗岳拳论，“动急则急应，动缓则缓随”。杨澄甫十要，“规矩是外功”。宗师孙禄堂，“外五行要动，内五行必随”。人体内系统，智能不可易；内功都自律，劳心是干扰；无意含真意，有感能反射；真气性本凉，其性如冷光。灵感现真知，学武应收藏。

二、武学功在手

伏羲留真言，对我有导引；宇宙在乎手，万化生乎身；手是气血梢，到此必循环；手是神经梢，感传最灵敏；手是经络跟，井穴天地通；掌从嘴角发，拳从心口出；出拳虎抱头，开合胸扩容；文武全靠手，手脚创造人；狩猎和战争，两手打先锋；武学应精简，贵在一招鲜；武学贵行神，内敛养元神；十指连着心，号脉知全身；人身一整体，内外不可分；武学应求是，迎战都即兴。

手指先张顶，拳经都上身；人是全息体，一动无不动；手动如马达，内机即启动；左右执单械，可使手灵妙；开发左右脑，效果比较高。

三、无意含真意

意念是控制，精度厘米级；高铁高科技，启发内功密；功夫是经验，徒步上天梯；有力不用意，无力不成拳；本能不用意，意重伤心气；心猿意为马，练功大克星；无意含真意，才是真拳经。

四、时位求精准

环境定结构，结构定功能；高矮和足距，都以生理定；两膝无伤害，足距最适中；后膝垂脚掌，前膝垂脚跟；力不出前足，膝负荷最轻；体不出后足，稳定如泰山。

武技应即兴，我顺为准绳；五行互生克，应手见输赢；只要功夫到，不争而能胜；目光视靶点，食指当准星；两耳闻风声，防人有暗手；太极气流行，胸腹宜空松；规矩为准绳，时位最重要；武学求单重，球劲真拳道。

第二篇 动静求中和

一、静为天下正

执两而用中，不失程度中；动不伤气血，内外和谐生；内劲肌肉出，新陈代谢生；四肢跑和跳，生命基本功；快不见行动，慢有能量充。

练拳“拉腿进”，武学一大忌；不能借地力，慢了误时机；顺中求管控，引进令彼空；用肘不用肩，老来不肩疼；用胯保护腰，间盘不突出；膝踝正负荷，关节不伤痛。

气与生俱来，非是后天生；指根和拳面，内连脾肝肾；掌背连腰脊，足弓强脊背；百姓食为天，不吃不成全。

二、快慢有最佳

慢不过深吸，快不过疾呼，非是慢最好；频率如心肺，快慢为最佳；出奇不露意，快如闪电击；高矮有最佳，非是矮最好；老年膝盖痛，非是高点好。

练体不练气，气都自然流；练胯保护腰，腰没骨架撑；用腰一过度，腰间盘突出；练肘不练肩，根节应稳固；生命顺则生，程序逆则亡。

三、阴阳须确定

阴阳不确定，自相常矛盾；内阴常有火，火山常年喷；外阳常有水，雨雪汇江河；阴阳如影子，主体一属性；意念不能长，阴阳从不停；万物全天候，都是阴阳连；修练无捷径，玄道不可从；环境有阴阳，万物顺则生；武学论阴阳，越说越糊涂；百家论阴阳，解释都不同。

四、刚柔有先后

事实应求是，刚柔本独立；钢棍没有柔，绳索没有刚；传统未详解，后代当研习；迅风能拔树，浪涌能翻船；肠胃能蠕动，蠕动非是刚；肢体有刚柔，必须有先后；刚柔如昼夜，不能同时立。

第三篇　武学在乎手　万法生乎身

伏羲黄帝《阴符经》曰："宇宙在乎手，万化生乎身！"宣传提倡的是人类生存的大道理，是指遗传信息说的，也即人类的一切生化功能和遗传信息都在两手上储存着。两手的功能和信息，在大脑上有最大的存储空间。有些超级人，不用学习而能弹出无数支优美动听的钢琴曲子；不用模仿也能画出千万个人像和各种动物，其素描水平可以和达芬奇媲美。

一、武学在乎手

"劳动创造了世界"，劳动也创造了人。劳动主要靠两手完成，所以从根本上说是"两手创造了世界，两手创造了人"。两手存储有自然、灵妙的天地遗传信息。

一切打江山的行动，两手都是"先锋"；一切文化艺术，都由两手完成。所以说，"人民，只有人民，才是创造历史的动力"，其中所包含的项目和程序，都是由两手完成的。

传统经络学说指出，两手十指端有12经出入交接的"井穴"，"井穴"是天地信息的出入关口。其中，大指端是太阴经的井穴，名之曰"少商"；食指端有阳明经的"井穴"，名之曰"商阳"；小指端有少阴经和太阳经的"井穴"，分别名之曰"少冲"和"少泽"；中指端有阙阴经的"井穴"，名之曰"中冲"；无名指端有少阳经的"井穴"，名之曰"关冲"。

脏腑气血在两手腕有12经气聚集的"原穴"。"原穴"反应脏器的盛衰。两手腕阴面大指侧有太阴经的"原穴"，名之曰"太渊"；两手腕阴面的腕中有阙阴经的"原穴"，名之曰"大陵"；两手腕阴面小指侧有少阴经的"原穴"，名之曰"神门"；两手腕的阳面大二指间有阳明经的"原穴"，名之曰"合谷"；两手腕阳面的腕中有少阳经的"原穴"，名之曰“阳池”；两手腕阳面小指侧有太阳经的“原穴”，名之曰“腕骨”；如此构成“宇宙在乎手”的证据。

“宇宙在乎手，万化生乎身”移植到武学，应该有“武学在乎手，万法生乎身”的道理。手指、腕根犹如全身的“钥匙（玄关）”，“一顶指、一沉腕”，全身的筋骨和精神都有“对拉拔长”的效果，还有深呼吸和气沉丹田的感觉，甚至连“六合九要”等规矩也能全部导引出来。这是不是比用意念“对拉拔长”脊柱，和旋转大小周天简约得多？安全得多？中医号脉，三个手指能知全身的疾病和盛衰，这说明“生命在乎手，导引在乎心”，也符合“天地如一”的大道理。

太极拳“掤捋挤按採挒肘靠”八法中，前六法都是手上的功夫。“武学在乎手，万法生乎身”，才是真拳经！

举个实际的例子，有人在北京清华园浴池搓澡为生，其环境最不卫生，氧气也稀薄，但是他寿至98岁才去世，因为他（她）们两手常年“中和”地劳作，所以这也可以说“寿命在乎手，中和享天年”。此例说明，武学的修炼大方向应该使“手足肘膝动静中和”地下功夫，而不应该无视亿万年进化来的自律程序，而“煞费苦心”地探讨内功。孙禄堂宗师既然说“中和以外无玄妙也”，又批判“内外家之说是认理未明之故”。孙存周、孙剑云两位大师多次当众说过：“孙氏拳没有密功，我们的秘密就是恒练！”

二、中和与恒练

“不出汗，运动量不够；出大汗血液必黏稠而减慢流速，大脑和脏器必受损，还会造成组织脱水和影响分泌，使人失去青春的光彩”。

武学应该将“拳与生理统一而不冲突”奉为宗旨，孙剑云大师活过了89岁，孙婉容大师90岁还登武当山，现在超过95岁了，还精力旺盛地参加多种活动，说明孙氏武学是寿世拳。

第四篇　三拳圭臬

一、形意拳

膝垂涌泉臀垂踵，最佳高度在其中；
手足到位意张顶，眼露神光脊如松；
蹬步进身借地力，龙虎熊鸡束身形；
发力之前气能蓄，一气催形放彼倾。

二、八卦拳

倒八字脚平行步，如鱼戏水不动腰；
肘膝球阵能滚钻，自然步幅胸腹空；
前手不低耳目线，臂如射箭拉满弓；
后臂肘须平心口，穿掌小指齐眉梢。

三、太极拳

进步必跟忌拖拽，舟篙借劲求反力；
膝臀与足定高矮，手足捋挤护腹胸；
四梢张顶头颈竖，眼自圆睁神自明；
两膝顶裹胯自开，由脚到手意如风。

四、拳见性

自律明心见佛性，本来面目皆智能；
手足肘膝心意使，拳性本是六九经；

手指张顶目出神，抻筋拔骨足跟蹬；
起蹬脚掌能借力，落压脚跟妙手成。

五、三合一

孙氏武学三合一，分开就是偏一隅；
脏腑气血任自律，手足肘膝忌软空；
六合九要需自鉴，三拳圭臬看三节；
不可妄修精气神，身外之象自随从。

六、有目标

形意练劲能打倒，五五变化求即兴；
起钻弓满发袖箭，落翻陨石落地坪；
八卦穿掌八八变，横走竖撞感而应；
粘黏连随太极劲，捋挤推手顺逆控。

注：“圭”是古人测日影的“尺”；“臬”是古人射箭的靶子；“圭臬”比喻事物和行为的准则。“六九”即阴阳；在武学即“六合九要”。

附　满江红

文武俱进，求天理，内外合一。三体式，时位精准，气和神奇。太极一气生万物，一气流行动万物。敢创新，出手阴阳鱼，形导气。

手张顶，鹰爪握。进必跟，退必撤。求顺逆粘黏，武技单重。三才八字平行步，钻翻用中灵妙生。顺稳定，不争而善胜，寿长青。

后　记

孙禄堂武学，继承后创新；创新有发展，保守必落后。十指连着心，张顶必提神；抓握气内守，真气腹内存；文武本同源，应当与时进；武学养正气，强体国必强；练体当为本，练用不伤身；太极即一气，一气万物体；中为武大本，和为武达道；静为天下正，动为天下用；形正则气和，形俱则神生；进退求灵妙，内劲求本能；交流占时位，先顺后发力；进跟退必撤，腰胯坐后脚；步距不宜大，否则变化慢；单重借地力，变化才灵妙。

师辈多指正，感激情不尽；领导赠关怀，不忘变动力；贤契配图像，青可胜于蓝。

感谢马凤山、高洪军、王德龙、孙静、孙文韬同学在百忙中配图、核稿。

希望再升级，时位更精准；弘扬武文化，寿世地球人。

衷心拜谢武学大师孙婉容老人家题字。

诚心感谢余功保、许宁、董克清、马凤山等贤达赐写序言。

定兴　孙玉奎

2021年1月7日